VI

Le Programme Coopératiste et le Commerce International

Quatre leçons du Cours sur la Coopération

AU COLLÈGE DE FRANCE

Avril 1924

PAR CHARLES GIDE

ASSOCIATION
POUR L'ENSEIGNEMENT DE LA COOPÉRATION
85, RUE CHARLOT, PARIS

VI

Le Programme Coopératiste et le Commerce International

La question du commerce international est une de celles qui intéressent au premier chef les sociétés coopératives par la raison que la grande préoccupation des consommateurs c'est la question des prix. Or, nous avons vu, par les événements récents, quelle grande influence les droits de douane et le cours du change exercent sur le prix des choses, et par conséquent sur le coût de la vie de chacun de nous.

Au Congrès de l'Alliance Coopérative Internationale de 1921 à Bâle, on avait mis à l'ordre du jour du Congrès suivant cette question. Quel est le programme de politique commerciale internationale que doivent soutenir les coopérateurs ? Comme nous le verrons, il n'est pas très facile de le formuler et, à vrai dire, il y a bien quelques coopérateurs qui pensent que l'on ferait mieux d'écarter cette question parce qu'elle est de nature à jeter la désunion entre coopérateurs, ou tout au moins à compromettre le rapprochement souhaité entre coopérateurs ouvriers et ruraux. Il est certain que dans les associations coopératives, même celles dites de consommation, tous les sociétaires sont des travailleurs, ou employés dans des services productifs, et c'est à leur intérêt de producteurs qu'ils pensent d'abord, plutôt qu'à leur intérêt de consommateur : autrement dit, ils sont plus anxieux de chercher les moyens d'augmenter leurs ressources que de chercher ce qui peut diminuer leurs dépenses.

Et même pour les femmes ou les enfants qui ne travaillent pas, évidemment leurs intérêts sont solidaires de ceux du producteur, qui est le père de famille. Donc, il est certain que quand on aborde, dans un congrès coopératiste cette question du libre échange et de la protection, elle a pour effet de diviser les sociétaires, de même que quand on aborde les questions politiques. Et même, en France du moins, ne risque-t-elle pas de déchaîner contre le mouvement coopératif l'opinion publique, tout au moins celle des populations agricoles que, précisément, la coopération s'efforce de rallier à elle ?

J'en conviens : toutefois cette prudence ne doit pas être une abdication. Nous avons le devoir de soutenir un programme coopératiste qui soit en accord avec l'esprit, la constitution et le but du mouvement coopératif, même s'il devait ralentir momentanément son expansion.

Mais avant de chercher à définir un régime de commerce international propre à la coopération, ne convient-il pas de chercher d'abord si parmi ceux qui ont été mis en pratique jusqu'à ce jour elle ne trouverait pas celui qui répond à ses desiderata ?

Cet examen préalable s'impose en effet.

Or, on peut distinguer trois régimes de politique commerciale internationale, quoique souvent en fait se superposant l'un à l'autre : le premier qui est le protectionnisme, le second, le libre échange, et le troisième, le régime des traités de commerce. Chacun a sa caractéristique spéciale : le régime protectionniste c'est la réglementation par la loi; le régime du libre-échange c'est la libre concurrence; le régime des traités de commerce c'est le contrat.

Examinons les sommairement en tant qu'ils intéressent le mouvement coopératif .

I

REGIME PROTECTIONNISTE

§ 1. — **Les griefs des coopérateurs contre le protectionnisme**

Dans cet examen des divers systèmes de politique commerciale, la première question que doit se poser le coopérateur est celle-ci : quel est le régime qui procure la satisfaction des besoins la plus large possible, en un mot l'abondance ?

En ce qui concerne le régime protectionniste, il semble bien, au premier abord tout au moins, que la réponse doive être négative. Le système protectionniste a pour caractéristique, en effet, sinon l'exclusion absolue des produits étrangers, quoique pour certains produits il aille jusqu'à la prohibition totale, tout au moins leur restriction. Par les barrières qu'il dresse contre l'importation et qui s'appellent les droits de douane, il tend évidemment à diminuer la quantité des produits étrangers sur le marché afin d'en faire monter le prix.

Comparez à ce qui se passe aux Halles Centrales. Le grand marché parisien est ouvert aux produits de toutes les parties de la France, qui y affluent, et plus il y en a, plus on est content. C'est pourquoi quand des négociants ou commissionnaires peu scrupuleux, essaient d'arrêter ou d'enrayer l'arrivée des produits sur les carreaux des Halles, alors le législateur intervient. Plusieurs fois, dans ces dernières années, des commissionnaires aux Halles ont été poursuivis devant les tribunaux et condamnés parce qu'ils avaient arrêté l'arrivée des légumes, ou du beurre, ou des œufs, des provinces françaises, en vue d'en faire monter le cours. On a saisi des télégrammes de commissionnaires adressés aux paysans de Normandie ou du Poitou, disant : « suspendre l'envoi de beurre aujourd'hui ». Pourquoi ont-ils été condamnés ? Pour avoir pesé sur les cours en raréfiant la marchandise... Or, c'est précisément ce que font les protectionnistes.

Il n'y a aucun doute à cet égard. Il suffirait, pour s'en convaincre, de remarquer quelles sont les métaphores dont les protectionnistes usent continuellement dans la discussion, telles que « l'inondation » des produits étrangers. L'inondation que l'on redoute ne peut être que la surabondance des produits étrangers : on l'assimile à un fléau contre lequel il faut élever des digues, ou tout au moins des écluses, pour ne pas dépasser un certain niveau.

Les viticulteurs, par exemple, ne cessent de réclamer une limitation au chiffre d'hectolitres qui pourront être importés d'Espagne, de Portugal, ou même de Tunisie — et ils l'ont obtenue.

C'est donc une politique précisément inverse de celle que j'indiquais tout à l'heure comme devant être celle du vrai coopérateur.

Non seulement le protectionnisme raréfie l'offre sur le marché en écartant les produits étrangers, mais il tend à faire renchérir les produits nationaux, et cela par une double répercussion.

D'abord, comme je l'ai fait remarquer déjà dans de précédentes leçons, toute hausse de prix sur les produits importés se répercute sur les produits nationaux similaires, par la raison bien simple que le producteur, industriel ou agricole, ne manque pas de prendre le prix majoré du produit importé comme norme pour le prix de son propre produit national. C'est ainsi que le prix du blé en France se règle sur le prix du blé importé d'Amérique, et le prix du sucre également sur le prix du sucre importé d'Amérique ou de tout autre pays — et cela alors même que le blé ou le sucre importé ne représente qu'une faible fraction de la production nationale. C'est tellement vrai que nous avons vu, ces derniers jours, quand le dollar ou la livre montaient, immédiatement le prix du sucre ou le prix du blé monter dans la même proportion — non pas seulement le prix du sucre américain ou du blé américain, ce qui serait tout naturel, mais le prix du sucre qui vient des betteraves françaises, le prix du blé poussé sur la terre de France. C'est la loi économique classique que le prix le plus élevé sur le marché détermine le prix de tous les produits similaires — à moins, bien entendu, que l'offre ne soit supérieure à la demande, ce qui est fréquent pour les produits industriels mais rare pour les produits agricoles.

Secondement, le droit protecteur se répercute sur la production et tend à la faire renchérir et à la limiter en tant qu'il porte sur les matières premières venues de l'étranger qui sont l'aliment de l'industrie nationale — charbon, fer, laine, coton, pétrole. Et aussi parce que l'augmentation de prix des produits alimentaires se traduit par une hausse du coût de la vie, laquelle se répercute sur le taux des salaires. Tous les facteurs de la production deviennent ainsi plus onéreux dans les pays protégés (1).

Il est bien évident aussi que le droit de douane augmente les frais de transport en se superposant au frêt. On a depuis longtemps signalé la singulière contradiction entre la politique protectionniste et la politique des voies et communications, celle-ci s'ingéniant à diminuer les frais de transport d'un pays à l'autre, celle-là s'ingéniant à élever des barrières et à prélever des péages à chaque frontière. Pour économiser seulement quelques kilomètres de distance et quelques centaines de mètres de différence de niveau, comme pour le tunnel de Frasnes-Vallorbe, on n'hésite pas à dépenser des dizaines de millions, mais on n'hésite pas

(1) Le 21 septembre 1924, à une assemblée de viticulteurs, l'un d'eux disait : « Le régime douanier a augmenté le prix de revient de la culture dans une proportion infiniment plus élevée que les prix de vente du vin ».

Vous penseriez peut-être que la conclusion de ce viticulteur c'est qu'il faudrait abolir les droits de douane ? Point du tout ! mais qu'il fallait augmenter les droits sur le vin étranger, afin de relever le prix de vente dans la même proportion que le prix de revient.

davantage à grever les marchandises qui prennent cette voie de droits représentant dix fois le montant de l'économie réalisée ! Est-ce donc seulement pour faciliter le voyage des touristes ou des soldats qu'on a creusé à coups de milliards les tunnels des Alpes, les canaux de Suez et de Panama, en attendant le tunnel de la Manche — et n'est-ce pas surtout pour rendre moins onéreux le transport des marchandises ? Toute barrière naturelle constitue un obstacle onéreux et par là une protection : pourquoi donc la supprimer à grands frais si c'est pour la remplacer par une barrière artificielle ?

La seconde raison pour laquelle le protectionnisme ne peut être accepté par les coopératives de consommation c'est parce que évidemment il a été inventé à seule fin de protéger les intérêts des producteurs et de leur garantir un minimum de profit. Chaque fois qu'on établit un tarif de douane, la seule chose dont on s'occupe c'est de l'intérêt de telle ou telle catégorie d'industries. Pendant les mois qui précèdent, les commissions parlementaires voient comparaître successivement tous les industriels, tous les agriculteurs, qui viennent exposer leurs doléances : « Nous ne vendons pas assez cher, nous n'avons pas de bénéfices ou même, disent-ils, pour donner à l'argument plus de force, nous travaillons à perte ! Nous ne pourrons continuer si on ne maintient ou relève les droits sur les produits concurrents ». Le gouvernement s'émeut : il évalue le coût de production en France et à l'étranger : on les compare, et si le coût de production à l'étranger paraît inférieur, on établit un droit de douane calculé de façon à rétablir l'égalité — de même que dans les courses on surcharge les chevaux de poids égaux aux différences de poids des jockeys. On prive ainsi le consommateur de l'économie qui résulterait pour lui de l'achat à l'étranger, afin qu'il n'ait aucun avantage à préférer le vendeur étranger.

Et chaque fois qu'un pays réalise quelque progrès dans son industrie, les pays voisins s'en inquiètent comme d'une défaite subie. Je lisais récemment dans un grand journal comme conclusion d'un article exposant les admirables travaux de canalisation accomplis par l'Allemagne ces derniers temps : « menace directe et formidable contre la navigation intérieure de la France, Belgique et Hollande ».

Rien ne saurait être plus odieux qu'une telle conception du commerce international aux yeux d'un vrai coopérateur.

La troisième raison c'est que le protectionnisme est une cause de conflits incessants entre les Etats. On ne saurait imaginer de politique plus irritante que celle qui consiste à dire à l'Etat voisin : Nous ne voulons pas de vos produits mais nous voulons que vous preniez les nôtres ! et de tâcher d'atteindre ce but par un marchandage de maquignons à la foire. La France, en prohibant les vins du Portugal, qui constituent le plus gros de l'exportation de ce petit pays, l'a gravement blessé et sans utilité car le soleil de France ne peut mûrir le Porto. Elle n'ose pas prohiber les vins espagnols, quoique leur concurrence soit beaucoup plus efficace, mais les grève de droits énormes qui provoquent des guerres de tarifs incessantes entre les deux pays. C'est aussi une cause de conflits parce que chaque Etat s'efforce de faire payer ses impôts par les autres Etats, sous forme de droits sur l'importation, et parfois, quoique rarement, y réussit. Cela a été dit ouvertement, il y a longtemps déjà. A la suite de la guerre de Sécession des Etats-Unis, qui leur avait coûté des milliards, un ministre des Etats-Unis a dit : « Nous ferons payer aux puissances européennes les dépenses qu'elles nous ont méchamment imposées en soutenant la guerre civile ». De même aujourd'hui, les Etats chargés de dettes par suite de la guerre disent : Nous ferons payer aux autres Etats les intérêts de nos dettes, sous la forme de droits de douane.

Pour conclure en ce qui concerne ce premier régime commercial qu'est le protectionnisme, nous dirons que les coopérateurs ne peuvent pas l'accepter pour trois raisons :

1° Parce que ce régime limite l'offre, les quantités disponibles sur les marchés, et que par là même il crée la cherté, tandis que les coopérateurs veulent le bon marché;

2° Parce que le protectionnisme, par le monopole établi au profit des producteurs nationaux, vise à leur assurer leurs profits et à les augmenter (1), tandis que les coopérateurs ont pour but l'abolition du profit ;

3° Parce que le protectionnisme est un facteur de guerre, tandis que les coopérateurs veulent la paix : ils n'ont pas pour unique but le bon marché — quoique même à ce point de vue la paix soit nécessaire — mais aussi la justice entre les nations comme entre les individus.

(1) Nous lisons dans un journal financier qu'aussitôt après l'interdiction d'importation en France d'un certain nombre de fromages étrangers, les actions des Caves de Roquefort ont passé de 1.470 à 1.723 francs.

§ 2. — Les arguments des protectionnistes

Il est juste de donner maintenant la parole aux protectionnistes.

Nous ne voulons nullement, disent certains, raréfier les denrées : toutes les fois qu'elles sont en quantité insuffisante pour les besoins, que l'on ouvre la porte à l'importation étrangère, rien de plus juste. Mais quand le pays peut se suffire à lui-même, comme c'est le cas, par exemple, pour le vin en France, à quoi bon l'importation de vins étrangers qui, en dehors même du préjudice subi par les producteurs nationaux, aura pour effet de nous créer débiteurs de l'étranger et de déprécier encore notre franc ?

Nous aussi, coopérateurs, nous trouverions cette thèse raisonnable. Mais demandez aux agriculteurs qui font valoir cet argument s'ils sont disposés à faire supprimer les droits protecteurs toutes les années où la récolte de vin n'atteint pas 50 millions d'hectolitres, ou la récolte de blé 90 millions, quantités nécessaires aux besoins de la population et s'ils ne réclament de droits à l'importation que les années d'abondance !

Si c'était là la seule raison des droits protecteurs, ils seraient superflus, car lorsque dans un pays il y a assez ou trop d'un produit quelconque, pourquoi en ferait-on venir de l'étranger ? En ce cas il y a baisse des prix et elle suffit pour détourner les vendeurs étrangers. Ce n'est que la hausse, due à l'insuffisance, qui provoque l'importation.

Les protectionnistes alors changent d'argument. Si, disent-ils, on laisse entrer les produits étrangers sans restriction, qu'arrivera-t-il? Ce sera l'abondance pour le présent mais la disette pour l'avenir, car on laissera tuer un très grand nombre d'industries nationales qui ne pourraient pas soutenir la concurrence. Pour prendre un exemple entre mille, voici la fabrication des automobiles qui, en France, est devenue une très grande industrie, une des premières industries du pays, qui travaille non pas seulement pour la consommation intérieure mais pour l'exportation. Or cette industrie n'aurait jamais pu grandir, ni même peut-être naître, si elle n'avait pas été protégée dès le début par l'interdiction, ou tout au moins le renchérissement artificiel, des automobiles américaines, des automobiles Ford notamment. Dira-t-on que les Français n'auraient qu'à acheter des autos Ford au lieu des Citroën et qu'ils ne s'en plaindraient pas puisqu'ils les paieraient moins cher ? Mais que deviendraient les ouvriers des usines françaises ?

Et encore pourrait-on dire de l'industrie des automobiles qu'elle n'est pas une industrie vitale et qu'à la rigueur la

France pourrait s'en passer sans mourir, mais pourra-t-elle aussi se passer de blé ? Et pourtant la situation est la même pour le blé : la libre entrée du blé américain, canadien, russe, n'aurait-elle pas pour résultat l'abandon de la culture sur une grande partie des terres françaises et, par conséquent, la raréfaction du blé, c'est-à-dire le résultat inverse de celui que visent les coopérateurs ?

Cet argument ne manque pas de force. Nous coopérateurs en sommes d'autant plus touchés que nous haïssons la concurrence, du moins quand elle se manifeste sous la forme de lutte pour la vie. Nous ne sommes pas disposés à laisser les forts écraser les faibles et même, comme nous le verrons plus loin, c'est ce que nous reprochons au libre échange. Nous sommes donc tout disposés à chercher les moyens de protéger les pays faibles industriellement, contre les pays forts, mais pas aux dépens des consommateurs du pays faible et en lui faisant payer le prix maximum ! Que l'on cherche d'autres moyens de supprimer ou d'atténuer cette concurrence inégale, tels que des traités de commerce ou des ententes entre les producteurs de deux pays, soit ! mais non en empêchant le consommateur de bénéficier des progrès accomplis à l'étranger.

Et même, disent les protectionnistes, si notre système a pour conséquence de faire payer les produits au coût de production maximum et même généralement d'augmenter le coût de production pour nos propres industries, il faut l'accepter comme une sorte d'avance qui sera remboursée largement dans l'avenir. On demande sans cesse aux contribuables des sacrifices, non pas seulement pour construire des cuirassés ou des avions, mais aussi pour bâtir des universités, des théâtres, pour faire de la propagande à l'étranger ; eh bien, pourquoi ne leur demanderait-on pas aussi les mêmes sacrifices pour développer le commerce et l'industrie nationale ? Pourquoi ne serait-il pas aussi légitime de dépenser des millions pour créer une nouvelle fabrique que pour créer un canal, ou un port, ou même un laboratoire qui servira à ces usines ? Dans tous ces cas c'est bien de l'intérêt national qu'il s'agit et non pas des intérêts de telle ou telle catégorie sociale.

Le devoir de chaque nation est de cultiver toutes ses ressources, toutes les énergies nationales ; or, pour leur permettre de se développer, il faut consentir certains sacrifices. Voyez les enfants ! Il est bien certain que, de longtemps, ils ne rembourseront leurs frais d'éducation, jamais, en tout cas, à leurs parents, et c'est bien pour cela que la natalité tend à diminuer dans tous les pays, à commencer par la nôtre. Mais si du fait que les enfants coûtent trop cher on en conclut qu'il ne faut pas en avoir, comme le fait la classe bourgeoise, qu'arrivera-t-il ? C'est que la nation disparaîtra. De même la nation qui ne voudrait pas faire les sacrifices nécessaires à l'élevage, si je puis dire, des industries naissantes, se vouerait à la mort industrielle.

Dira-t-on que quand il s'agit d'entreprises industrielles il ne faut pas chercher à les créer parce que, alors, ce seront des industries artificielles, mais qu'il suffit de les laisser germer et grandir spontanément ? Leur réussite ou leur échec sera la preuve qu'elles étaient appropriées ou non aux ressources et aux aptitudes nationales.

Mais à quoi distinguer une industrie naturelle d'une artificielle ? Sans doute, quand il s'agit de produits naturels tels que le pétrole, il est clair que seuls les pays à qui la nature en a donnés peuvent exercer cette industrie et celles qui en dérivent. Si même il s'agit de certains produits agricoles, comme le vin, on peut dire, ce qui n'est pas certain d'ailleurs, que les terres de France ont pour cette production des vertus spéciales. Mais pourquoi une industrie, comme celle des autos, que je viens de prendre comme exemple, serait-elle une industrie artificielle, je veux dire moins conforme aux ressources et aux aptitudes des Français qu'à celles des Américains ? Y a-t-il un décret de la Providence en vertu duquel l'Amérique ait été prédestinée à faire des autos, et non la France ?

Il faut reconnaître que pour le plus grand nombre des industries, il n'y a pas de raison spéciale pour qu'elles naissent et grandissent dans un pays plutôt que dans un autre ; toutes sont naturelles, ou toutes sont artificielles, comme on voudra, en ce sens que presque toutes doivent leur naissance à certaines conditions spéciales, très souvent purement fortuites. Quand on fait l'histoire des industries d'un pays on est souvent surpris de voir à quel hasard singulier telle ou telle industrie doit la naissance. Ainsi, dans le Jura français toute une région, du côté de St-Claude, depuis très longtemps déjà est spécialisée dans la taille des diamants et dans la fabrication des pipes. Ce n'est certes pas la Nature qui avait prédestiné St-Claude et cette région du Jura à la taille des diamants, alors qu'il n'y a pas le moindre gisement de diamants dans le pays ; ni même à celle des pipes, car elles sont faites avec des racines de bruyère qui viennent surtout de Corse.

Ce sont sans doute quelques ouvriers venus de Hollande ou d'autres pays qui ont importé cette industrie dans la région ; et là, comme un germe qui tombe par hasard dans un terrain prospère, elle s'est développée, elle est devenue un grand arbre.

Mais généralement l'initiative individuelle suffit pour faire naître ces entreprises et chercher des ventes nouvelles. Je ne sache pas qu'aucune des deux industries que je viens de prendre pour exemple doive son origine à des droits protecteurs, et, de façon générale, on ne voit pas que les pays à régime protectionniste aient une plus copieuse variété d'industrie que ceux qui sont sous le régime protectionniste.

Nous ne nous refusons pas cependant à admettre que dans certains cas exceptionnels il ne soit de bonne politique de la part d'un gouvernement d'encourager l'initiative individuelle et de la soutenir jusqu'à ce qu'elle soit en mesure de marcher seule : c'est le système bien connu dans l'enseignement économique sous le nom de protection-tutelle ; mais l'Etat peut le réaliser sans recourir aux droits de douane, par d'autres moyens que nous indiquerons plus loin, tels que les primes, garanties d'intérêts, etc. Nous serions d'autant moins qualifiés pour protester que les entreprises coopératives elles-mêmes bénéficient de cette aide de l'Etat sous forme d'avances et subventions.

Mais ce qui nous paraît inadmissible c'est que pour aider à la réussite éventuelle d'une industrie nationale on exclue les produits étrangers.

En tout cas, si cet argument de l'industrie-tutelle était sincère il ne viserait que les industries nouvelles et pour une durée limitée. Il ne saurait être invoqué, sans ridicule, pour des industries comme celles du blé ou du vin qui sont plus vieilles que l'histoire de la Gaule.

Les protectionnistes protestent aussi contre l'accusation qu'ils sacrifient l'intérêt des consommateurs à l'intérêt des producteurs. Ces intérêts, disent-ils, sont inséparables et protéger le producteur c'est protéger le consommateur, mais c'est par le premier qu'il faut commencer. En effet, une nation est riche par les quantités qu'elle produit, mais non par les quantités qu'elle mange. Ce qui fait la richesse d'un pays et sa puissance industrielle c'est la production, ce n'est pas la consommation. On ne peut consommer que ce qui a été produit et qu'autant qu'il aura été produit.

Ce serait donc sacrifier le consommateur lui-même que de le livrer aux producteurs étrangers, alors même que ceux-ci le tenterait par l'appât d'un bon marché provisoire.

Et même, quand l'intérêt du consommateur se trouve menacé par la pénurie de certaines denrées, la politique protectionniste le protège à son tour. Ainsi, quand le gouvernement voit qu'un produit est raréfié en France il défend l'exportation, c'est ce qu'il vient de faire pour le beurre et les légumes; il les empêche de sortir afin, précisément, d'empêcher la diminution de l'offre et la hausse de prix à l'intérieur. Au mois d'avril dernier, une trentaine de produits étaient ainsi emprisonnés; on a levé la prohibition mais en la remplaçant par des droits de sortie de 10 à 15 % afin, dit la circulaire du ministre de l'Agriculture, « de protéger le consommateur ».

Ainsi tantôt on protège le producteur aux dépens du consommateur en empêchant celui-ci de s'adresser à l'étranger, et tantôt on protège le consommateur contre le producteur en empêchant celui-ci de vendre au dehors, et cette alternance de préjudices est présentée comme un chef-d'œuvre d'équilibre, réconciliant les intérêts opposés.

Quant à l'accusation que le protectionnisme c'est la cherté, on nie que les droits de douane aient pour effet de faire hausser les prix, car, dit-on, c'est le vendeur étranger qui les paie et non l'acheteur.

L'inanité de cette réponse est démontrée par la seule comparaison des prix soit entre deux pays, l'un protectionniste, l'autre libre-échangiste, soit dans un même pays avant et après l'établissement d'un droit à l'importation.

Et s'il fallait fournir une autre preuve, en voici une décisive : toutes les fois qu'il y a une crise de cherté qui fait crier le consommateur, que fait le gouvernement ? Il supprime les droits de douane. C'est ce qu'il a fait durant la guerre. C'est ce qu'il a fait hier pour le blé : il n'a pas supprimé tout le droit, mais l'a supprimé à moitié en l'abaissant de 14 francs à 7 francs le quintal. Il est vrai que le gouvernement vient de le relever à 14 francs quand il a cru le danger conjuré, et à la veille des élections, mais la hausse du blé ayant repris de plus belle il est probable que le droit sera de nouveau réduit.

Il est vrai qu'on peut trouver certains cas, dont les Protectionnistes se font un grand argument, les cas où le vendeur étranger, afin de ne pas perdre sa clientèle, consent à prendre à sa charge tout ou partie du droit de douane, mais ce cas est tout à fait exceptionnel. En règle générale le droit de douane est mis sur la facture, comme tout autre impôt est généralement majoré par les marchands.

Tels sont les principaux arguments des protectionnistes : nous ne croyons pas qu'ils suffisent à réfuter les griefs que nous avons fait valoir contre ce régime, du moins au point de vue coopératif, mais il est certain qu'ils ne sont pas sans force puisqu'il ont suffi à convertir tous les Etats. Il est vrai que la convertion est facile quand elle se trouve d'accord avec l'intérêt national — ou ce qu'on croit tel.

Déjà avant la guerre l'immense majorité des Etats pratiquaient le régime protectionniste. Les seuls restés fidèles à la pratique du libre-échange étaient d'abord l'Angleterre, la mère du free-trade, et quelques petits pays : la Belgique, la Hollande et, dans une moindre mesure, la Suisse, le Danemark. Aujourd'hui, tous ces pays sont plus ou moins en train d'évoluer dans le sens du protectionnisme, même l'Angleterre ! Vous savez qu'aux dernières élections anglaises, c'est la question des tarifs qui a été la plate-forme électorale. C'est tout de même le libre-échange qui a eu la majorité, parce que l'Angleterre n'abandonne pas facilement la politique qui a fait sa gloire et sa richesse, mais c'est déjà énorme que la question du protectionnisme ait pu être posée dans un pays comme l'Angleterre, et qu'elle y ait rallié une très forte minorité. D'ailleurs, bien que ce soit le système libre-échangiste qui l'ait emporté, en fait, l'Angleterre a établi des droits de douane considérables sur un très grand nombre de produits, droits qui, quoique sous le couvert de certaines circonstances spéciales, n'en sont pas moins de véritables droits protecteurs pour sauvegarder (*safeguarding*) certaines industries déclarées essentielles, et dont la liste est assez longue.

§ 3. — Les effets de la guerre sur le protectionnisme.

Pourquoi la guerre a-t-elle intensifié le régime protectionniste ?

D'abord parce que le blocus exercé pendant la guerre est resté comme un cauchemar dans l'histoire. L'Allemagne bloquée par l'Entente a souffert une effroyable misère. De même les pays alliés de l'Entente, s'ils n'ont pas été absolument bloqués par la guerre sous-marine, ont vu leurs communications sinon coupées tout au moins mises en péril pendant deux ans. Alors les Etats n'ont plus eu qu'un souci : tout faire pour ne plus se retrouver dans cette situation d'attendre de l'étranger ce qui est indispensable à la vie nationale, tout faire pour se suffire à eux-mêmes ; et pour cela tâcher d'acclimater sur leur territoire toutes les industries vitales — industries « clés », disent les Anglais, mais en un sens un peu différent, en entendant par là les industries desquelles dépendent un grand nombre d'autres industries : par exemple la teinture est une industrie clé quoiqu'elle ne soit pas une industrie vitale.

En second lieu, la guerre a laissé à la charge de toutes les nations belligérantes le poids de dettes effroyables dont il faut bien payer l'intérêt. Quand un pays comme la France a 18 milliards de francs d'intérêts à payer chaque année, et dans quatre ou cinq ans, en aura 25 milliards, et en outre une douzaine de milliards d'autres dépenses du budget, il faut bien trouver cet argent quelque part. Et naturellement on pense d'abord aux droits de douane, dans l'espoir que ceux-ci ne retomberont peut-être pas en entier sur les contribuables, ou du moins que ceux-ci n'en sauront rien. Sans doute on peut établir un droit de douane uniquement au point de vue fiscal en le dépouillant de tout caractère protectionniste : c'est ce que prétend faire l'Angleterre, mais la distinction, quoique très nette en théorie, l'est beaucoup moins en pratique.

En troisième lieu, la guerre a créé entre les différents pays des inégalités énormes, en sorte que les relations internationales ne peuvent que très difficilement s'établir sur le pied d'une juste réciprocité.

Ce n'est pas seulement l'inégalité des charges fiscales dont nous venons de parler : ce sont celles résultant du détraquement général de l'instrument monétaire. Tandis qu'autrefois tous les peuples avaient une seule monnaie qui était l'or — quel que fut, d'ailleurs, le nom qu'on lui donnât : franc, livre, dollar, mark, rouble ou florin — depuis la guerre l'or a disparu et il n'y a plus que des monnaies nationales en papier dont les valeurs évoluent séparément et subissent les écarts les plus fantastiques jusqu'à tomber pour certaines d'entre elles, à la trillionnième partie (fraction avec 12 zéros au dénominateur) de leur valeur or.

Cette inégalité des changes se trouve agir précisément en sens inverse de l'autre, c'est-à-dire que le pays le plus désavantagé au point de vue fiscal se trouve le plus avantagé au point de vue du change. Si nous prenons, par exemple, la France et la Suisse, le Français dit : Je suis accablé d'impôts que ne paie pas le Suisse, qui surchargent d'autant mon coût de production, et par conséquent je ne puis lutter avec le producteur suisse. Mais, de son côté, le Suisse dit : Je ne puis lutter avec le producteur français, parce que le producteur français compte en francs qui ne valent plus que 25 à 30 centimes suisses ; il paie ses ouvriers et ses matières premières en francs français, et par conséquent peut régler son prix de vente sur ce pied là. Tandis que le

Suisse vendra un produit quelconque 3 dollars qui valent 15 francs suisses, le Français pourra vendre le même article 1 dollar seulement et y trouver son bénéfice puisque le dollar vaut 18 à 20 francs français.

Il est vrai que généralement, dans les pays à monnaie dépréciée il y a une hausse de prix qui compense dans une certaine mesure cette inégalité mais la compensation est rarement suffisante pour rétablir l'égalité ; en tout cas elle est lente à s'établir et si la dépréciation de la monnaie est rapide, elle n'arrive jamais à la rattrapper.

En mettant obstacle à l'échange des marchandises le protectionnisme empêche le règlement des comptes entre pays créanciers et débiteurs, et aggrave par là les oscillations du change.

Enfin, depuis la dernière guerre on voit apparaître une forme nouvelle de protectionnisme encore plus aggressive que celle que nous venons de décrire : non pas seulement les barrières à l'entrée, mais les barrières à la sortie. Avant la guerre on ne connaissait que les restrictions à l'importation pour réduire ou empêcher l'achat des produits venant de l'étranger, mais voici maintenant qu'apparaissent les restrictions à l'exportation.

Nous en avons connu, en France, depuis la dernière crise, sur quantité de produits. Il y en a en Suisse, qui est pourtant un pays relativement libre échangiste ; il y en a eu même en Angleterre, et notamment l'année dernière pour le charbon.

Ces restrictions peuvent n'avoir d'autre but que de réserver pour le marché national une denrée momentanément raréfiée et d'enrayer ainsi une hausse des prix. C'est généralement le cas pour les restrictions dont nous venons de parler. En ce cas elles peuvent se justifier par l'intérêt du consommateur. Néanmoins ce ne sont pas les sociétés de consommation qui les réclament.

Mais ces restrictions peuvent prendre un caractère beaucoup plus grave : c'est quand elles ont pour but de réserver à un pays les richesses naturelles qu'il possède ou de ne les laisser acheter par l'étranger qu'en lui faisant payer rançon. Ainsi, tandis que jusqu'à présent le régime protectionniste avait pour but de réserver à ses fabricants le monopole du marché national, voici qu'il va plus loin et qu'il tend à leur réserver un monopole international pour certaines industries en refusant aux étrangers le droit d'acquérir les matières premières indispensables ou du moins en mettant à haut prix l'autorisation qu'il leur accorde.

Longtemps avant la guerre, le Chili frappait d'un droit de sortie le guano que ce pays possède et qu'on ne pouvait trouver ailleurs que dans ce pays, mais ces droits n'avaient qu'un caractère fiscal. Il en est autrement quand ils deviennent une sorte de droit seigneurial, une affirmation d'un droit de propriété.

Il est évident que si l'on entre dans cette voie et si cette politique se généralise, il va y avoir là une cause de conflits entre les pays, plus grave qu'aucune autre. Si la France, par exemple, qui a le plus grand gisement de fer de l'Europe, si la Russie ou les Etats-Unis, qui possèdent le plus grand nombre de puits de pétrole, si l'Allemagne, qui a presque le monopole du coke parce que son charbon est spécialement propre à la fabrication du coke (et vous savez que la fabrication du coke entraîne la production d'une quantité de sous-produits qui sont précisément les produits chimiques, ou pharmaceutiques, ou tinctoriaux), en un mot, si chaque Etat prétend être propriétaire exclusif de telle ou telle richesse et soumettre son exploitation à telle réglementation qu'il juge conforme à ses intérêts, alors que feront les autres pays, ainsi privés des matières premières indispensables à leur vie industrielle ?

Ce n'est, dira-t-on, que l'extension aux Etats du droit de propriété qui est reconnu aux individus. Mais c'est là ce qui est grave !

Jusqu'à présent, les richesses naturelles, pétrole, charbon, fer, appartenaient à des particuliers, à des sociétés privées, qui ne consultaient que leurs intérêts économiques, et n'auraient jamais eu la pensée de les refuser à quiconque les paierait bien.

Mais si l'Etat français prenait possession des mines de fer, le Gouvernement des Etats-Unis ou de la Russie des gisements de pétrole, le Gouvernement allemand des mines de potasse, alors l'exploitation de ces richesses naturelles n'aurait plus un caractère économique mais politique, et les moyens d'acquisition économiques faisant défaut il ne resterait plus aux Etats qui en seraient privés que les moyens d'acquisition politiques, c'est-à-dire la diplomatie ou la guerre.

Ils réclameraient l'expropriation pour cause d'utilité publique, et s'ils sont assez forts ils l'exécuteront *manu militari* — et il faut reconnaître qu'il y aura là une nouvelle cause de guerre, peut-être plus légitime qu'aucune autre.

Et il ne faut pas dire que c'est là une hypothèse chimérique, on marche dans ce sens. Précisément pour les mines de potasse d'Allemagne — celles qui restent, car avec l'Alsace l'Allemagne a perdu des gisements importants, — c'est l'Etat allemand qui s'en est rendu possesseur dans une grande mesure. Et de même pour les mines de potasse d'Alsace que la France a reprises à l'Allemagne, le Gouvernement français s'est réservé une part de co-propriété dans la concession de ces gisements.

On dira qu'il n'est guère à craindre que le pays qui se trouve doté par la nature de certaines richesses en quantité supérieure à ses besoins, en prohibe l'exportation, parce que son intérêt au contraire lui commande la vente de l'excédent. Que ferait la France de ses mines de fer si elle ne trouvait de débouchés à l'étranger ? — Sans doute, mais l'exportation peut être soumise à des droits usuraires, ou accordée seulement aux pays amis et refusés aux autres.

En somme, le régime protectionniste est un état de guerre économique qui a pour but de parer aux risques de guerre et qui par là même la présuppose et la suscite, exactement comme l'adage *si vis pacem para bellum* (si tu veux la paix, prépare la guerre) qui, trop bien appliqué, a acculé l'Europe à l'abîme de la dernière guerre.

On voit donc qu'il y a entre la guerre et le protectionnisme une relation permanente et réciproque de cause à effet : la préoccupation de la guerre rend le protectionnisme nécessaire; le régime protectionniste à son tour suscite des causes de guerre, exactement comme le régime de la paix armée. Comme le dit très bien le professeur Van Embden, dans un article sur *L'élément éthique dans le libre-échange* : « la guerre est préparée et encouragée quand on ne fait que penser à elle et prendre des mesures contre elle ».

II

REGIME LIBRE-ECHANGISTE

§ 1. — Les avantages que les coopérateurs trouvent dans le libre-échange

Passons au second régime commercial que j'ai annoncé sous le nom de libre-échange.

Tandis que tout à l'heure il était très difficile de nous trouver un seul point de contact avec les protectionnistes, ici, au contraire, nous nous sentons, dirai-je, en famille entre coopérateurs et libre-échangistes, et la difficulté sera de trouver ce qui nous distingue d'avec les libre-échangistes.

Au premier abord, on ne le voit pas. En effet, les libre-échangistes donnent satisfaction à tous les désirs des coopérateurs que j'ai énumérés dans la précédente leçon ; que demandions-nous ? L'abondance, la plus grande quantité possible de richesses ? Eh bien le libre-échange répond : Nous ouvrons les portes toutes grandes aux produits du monde entier.

Que demandent encore les coopérateurs ? Que l'on regarde aux intérêts des consommateurs, avant ceux des producteurs ? Eh bien ! le libre-échange a pour but de mettre le consommateur en situation d'acheter où il voudra, n'importe où, là où les conditions lui paraîtront les plus avantageuses, soit comme bon marché, soit comme qualité, soit même en ne consultant que ses fantaisies. Il a été de mode à Paris, à une époque récente, de faire blanchir son linge à Londres. Ce n'était pas meilleur marché, mais c'était plus comme il faut. Soit, qu'il le fasse ! il faut laisser faire et ne pas mettre des droits sur les chemises qui viendront de Londres. Il y a des gens qui avaient l'habitude de se servir d'un dentifrice qu'on appelle l'Odol et qui n'est produit qu'en Allemagne, j'étais de ceux-là; or, depuis la guerre il était interdit d'importer aucun produit chimique ou pharmaceutique de provenance allemande, en sorte qu'on était obligé de se le procurer en contrebande.

Voici le libre-échange qui supprime toutes ces petites misères, ces vexations, et il met les produits de tous les pays du monde aux pieds du consommateur, comme on voit, sur les bas-reliefs des tombeaux d'Egypte, des processions d'hommes chargés des produits de tous les pays qui viennent les déposer aux pieds du Pharaon. N'est-ce pas là le Règne du Consommateur que nous avons prophétisé ? A vos ordres ! n'est-ce pas la formule qui figure sur toutes les lettres des fournisseurs ? Oui, mais ce n'est qu'une dérision : le régime libre-échangiste en fera une réalité.

Que demandent encore les coopérateurs ? L'élimination du profit, ou tout au moins que l'on marche dans cette direction. — Eh bien, le libre-échange n'a-t-il pas précisément sinon pour but, du moins pour résultat, la réduction du profit au minimum en limitant les profits du producteur national par la concurrence des producteurs de tous pays, en faisant bénéficier le consommateur de la sous-enchère qui s'établit sur le marché du monde ? Tandis que sous le régime protectionniste c'est le prix maximum qui fait loi, sous le régime libre-échangiste au contraire c'est le prix minimum qui s'impose : c'est le pays qui peut produire au moindre coût qui éliminera tous les autres. N'est-ce pas démontré par les lamentations des pays à hauts salaires contre les pays à bas salaires, ou des pays à monnaie forte contre ceux à monnaie faible ? N'est-ce pas prouvé par les cris d'indignation contre le *dumping* qui consiste précisément à vendre à l'étranger au-dessous du cours coté à l'intérieur ?

Il ne faut pas oublier que le libre-échange est né précisément d'une réaction contre une des formes du profit qu'on appelle la rente, la rente du sol.

Les propriétaires anglais, les landlords, avaient conquis le monopole de la propriété foncière, au milieu d'une population rapidement grandissante qui, pour se nourrir, était obligée de consommer de plus en plus de pain. Ils en profitaient pour faire payer ce pain de plus en plus cher et ils avaient fait mettre des droits sur les blés étrangers afin d'empêcher ceux-ci de venir sur le marché faire baisser le prix de leur blé « national ». Ils se faisaient ainsi d'énormes rentes, dues non pas, comme d'autres revenus, à un travail quelconque du bénéficiaire, ni à son épargne, ni même à son savoir-faire, mais uniquement à la pression de la population sur les prix. Eh bien, c'est en dénonçant cet enrichissement des riches aux dépens des pauvres que Cobden et John Bright ont mené la glorieuse campagne qui a abouti à l'abolition des droits sur les céréales.

Et depuis cette époque, le peuple anglais a pu manger du pain meilleur marché que dans aucun autre pays d'Europe et, comme disait le ministre Pitt, d'autant meilleur « qu'il n'était plus empoisonné par le levain de l'injustice ».

Ce n'est pas seulement le profit sous la forme de rente, c'est le profit sous toutes ses autres formes, le profit industriel, le profit commercial, que le libre-échange bat en brèche. C'est notamment celui résultant de ces coalitions si connues aujourd'hui sous le nom de cartels et de trusts, quand les industriels se coalisent pour fixer le prix et l'empêcher de baisser. Autrefois, quand les producteurs ne s'entendaient pas, il y avait toujours la ressource pour le consommateur, si un producteur lui faisait payer trop cher, de s'adresser à un autre; mais aujourd'hui, lorsque tous les producteurs se sont entendus pour faire le même prix, alors où le consommateur pourra-t-il chercher un secours ? Ce ne peut être que dans le libre-échange.

Il est vrai qu'il peut y avoir des trusts internationaux. Il y en a, en effet : pour les diamants, par exemple, la

Compagnie de l'Afrique du Sud a le monopole de la vente des diamants dans le monde, mais ne nous inquiétons pas du consommateur de diamants; il se débrouillera ! Il y a des trusts internationaux plus graves : celui du pétrole notamment. Je n'ai pas à vous raconter l'histoire du célèbre trust des pétroles américains (*Standard Oil Trust*), mais il est à remarquer que ce trust, après avoir englobé presque le monde entier, s'est trouvé à son tour en face d'un concurrent, le *Royal Dutch*, qui, malgré son nom, est plus anglais que hollandais.

Mais le libre-échange a l'ambition de briser non pas seulement les trusts nationaux, mais même les trusts internationaux. Je dois dire que je doute fort que le libre-échange ait cette puissance, mais du moins offrirait-il plus de chances de réussite que le régime protectionniste.

Quel est encore le vœu des coopérateurs que j'ai formulé? C'est de voir se former une autre Société des Nations, à côté de celle purement politique et d'ailleurs bien incomplète qui siège à Genève, une Société économique, une Union commerciale.

N'est-ce pas ce que veut aussi le libre-échange ? Autrefois, les mêmes lignes de douane qui existent aujourd'hui entre les Etats existaient entre les provinces. Dans l'ancienne France il y avait des douanes intérieures ; et déjà les mêmes réclamations, qui se font entendre aujourd'hui d'un pays à l'autre, se faisaient entendre d'une province à l'autre : le Languedoc se plaignait de la concurrence des Flandres, ou inversement. Aujourd'hui l'union politique des provinces françaises, qui a fait la France, est devenue en même temps un seul marché au point de vue commercial. Aujourd'hui, il ne viendrait pas à l'idée des habitants du département de la Haute-Loire de dire que les filatures du Nord empêchent la Haute-Loire d'avoir des filatures. Nul doute pourtant qu'il y ait maintes industries de nos anciennes provinces qui aient été tuées par l'établissement d'industries similaires à Paris ou dans d'autres régions de France. On dit : Tant pis, la France ne fait plus qu'un, et les industries s'y distribuent naturellement au mieux de leurs intérêts, sur les points qui leur sont le plus favorables.

Eh bien, cette même évolution, le libre-échange aspire à la réaliser entre tous les pays. Il pense qu'il n'y a pas plus de raisons pour qu'il y ait une ligne de séparation entre Bruxelles et Lille qu'il n'y en a maintenant entre Lille et Paris.

Enfin les coopérateurs auraient voulu un régime commercial qui donnât la paix au monde et ce qu'ils reprochent surtout au protectionnisme c'est de créer un état de guerre. Eh bien les initiateurs et les apôtres du libre-échange ont eu le même idéal. C'est ainsi que dans une lettre à Michel Chevalier — un économiste qui a tenu une grande place au temps du Second Empire et qui a enseigné dans ce Collège pendant bien longtemps — Cobden écrivait, à propos des traités de commerce de 1860 :

« Ce sont les peuples des deux pays qu'il faut rendre mutuellement dépendants l'un de l'autre, en leur permettant d'échanger des produits complémentaires. Il n'est pas d'autre moyen de combattre l'antagonisme de langage et de race. C'est le moyen que Dieu lui-même nous a donné pour fonder l'entente cordiale. »

Vous voyez que, longtemps avant que le mot d'entente cordiale fût devenu officiel, il avait été prononcé par Cobden.

Le libre-échange a même été présenté comme une doctrine évangélique. Dans un des discours de cette admirable campagne anglaise dont je viens de parler, voici en quels termes un des orateurs opposait le protectionnisme au libre-échangisme :

« L'enseignement du monopole, c'est : Trahissez-vous, dépouillez-vous les uns les autres.

« Est-ce ainsi que nous devons appliquer le commandement de faire aux autres ce que nous voudrions qu'on nous fasse ?...

« Mais la liberté du commerce enseigne une tout autre doctrine; elle introduit parmi les hommes, dans leurs transactions journalières, la religion de l'amour. La liberté du commerce, j'ose le dire, c'est le christianisme en action. »

Un des maîtres de l'Economie politique — et non de celle orthodoxe mais plutôt de celle hérétique — disait : « La paix est à la fois une condition essentielle et une conséquence nécessaire du libre-échange » (1).

C'est bien le même esprit pacifiste qui hier encore inspirait le président Wilson quand il écrivait la troisième de ses quatorze propositions qui était formulée en ces termes :

« Suppression des barrières économiques, conditions commerciales égales pour toutes les nations associées en vue du maintien de la paix. »

Mais je dois dire que dans le texte qui sert de préambule au Traité de Versailles, le texte primitif a été fortement

(1) *La paix par la justice sociale et le libre échange* (1907).

atténué. On ne parle plus de la suppression des barrières entre les nations mais simplement « d'un traitement équitable entre les différentes nations, au point de vue commercial », ce qui ne veut pas dire grand'chose.

Néanmoins il importe de retenir que le libre-échange se trouvait posé comme base de la Société des Nations dans la pensée de son inspirateur.

Ainsi, bon marché, élimination du profit, coopération entre les nations, il semble bien que le libre-échange nous donne tout ce que les coopérateurs peuvent désirer ?

§ 2. — Les déceptions causées par le libre-échange

Alors, puisque nous constatons une telle communauté d'aspirations entre les libre-échangistes et les coopérateurs, la seule conclusion à tirer n'est-elle pas qu'il n'est pas besoin de chercher mieux et que nous devons accepter le régime du libre-échange purement et simplement, le faire nôtre ? Telle est, en effet, la conclusion de la plupart des coopérateurs, et notamment des coopérateurs anglais et américains. Ceux-ci déclarent qu'ils ne veulent rien savoir d'autre que le *free-trade*, que cela suffit et qu'il n'y a pas à chercher un autre programme.

Mais je dois dire maintenant pourquoi les coopérateurs français, et moi-même, nous ne sommes pas disposés à accepter ainsi purement et simplement le programme libre-échangiste — du moins sous la forme où il a été pratiqué jusqu'à présent — et pourquoi nous pensons que le coopératisme doit se donner un programme spécial.

Le libre-échange n'est plus, tant s'en faut ! le programme chrétien de Cobden et de Bastiat : nous ne pouvons pourtant pas oublier que le *free-trade* a été surtout l'œuvre des marchands de Manchester, et si étroitement liée à la doctrine de l'école libérale individualiste et capitaliste que cette doctrine est désignée souvent sous le nom d'Ecole de Manchester, le ***Manchestertum*** disent les Allemands.

Ceci déjà doit nous inspirer quelque défiance. A qui fera-t-on croire que les marchands de Manchester obéissaient à des inspirations évangéliques, ou même se préoccupaient de l'intérêt des consommateurs ? S'ils se préoccupaient d'abaisser le prix du pain c'était surtout afin de réduire le coût de la main-d'œuvre et le prix de revient de leurs produits. Les marchands de Manchester représentaient la démocratie contre l'aristocratie foncière des landlords : c'est pourquoi, au point de vue politique, comme au point de vue économique, le libre-échange a été incontestablement un progrès, mais il ne nous fait pas sortir du régime capitaliste et individualiste. Non, le libre-échange ce n'est pas « le christianisme en action » : c'est le moyen, pour un pays, d'ouvrir un plus large marché à ses marchandises et de réaliser un plus grand profit par une plus grande vente.

A l'heure même où à Manchester se formulait le programme du libre-échange et où la victoire couronnait cette campagne passionnée dont je viens de parler — la loi abrogeant le droit sur les céréales est de 1842 — presque à cette même date, en 1844, dans une ville toute voisine de Manchester, la petite ville de Rochdale, quelques ouvriers tisserands rédigeaient aussi un programme qui est précisément le programme coopératiste dont nous avons hérité. Ces Pionniers n'avaient pas visé dans leur programme le commerce international — c'eût été prématuré — mais s'ils l'eussent fait, pense-t-on que c'eût été le même que celui des marchands de Manchester ?

Comme je l'ai répété bien souvent, le but du programme des Pionniers de Rochdale, c'était aussi, il est vrai, d'établir le bon marché ou plus exactement le juste prix, mais leur moyen ce n'était point la concurrence, c'était la coopération et l'élimination du profit. Or, pensez-vous que le libre-échange ait pour but de supprimer ou de diminuer le profit des grands commerçants ? Pensez-vous que ce soit dans l'intention philanthropique de renoncer à leurs profits que les marchands et fabricants des pays libre-échangistes demandent qu'on leur ouvre les frontières et qu'on supprime les droits de douane sur leurs marchandises ?

Le libre-échange c'est la liberté, assurément, et les coopérateurs savent apprécier la liberté, mais le libre-échange c'est aussi la forme la plus complète de la concurrence. Le libre-échange, c'est la victoire du plus fort, du plus habile, du plus avancé dans l'industrie. Le libre-échange c'est la lutte pour la vie entre les nations. De même que dans le commerce intérieur, nous voyons la libre concurrence entre le grand magasin et le petit boutiquier avoir pour dénouement la ruine du petit boutiquier et le triomphe du grand magasin, de même, dans le libre échange entre un pays puissamment organisé, riche en capitaux, en machines, arrivé au plus haut degré de l'évolution industrielle, et un pays encore arriéré, cette lutte-là ne peut avoir pour résultat une association ou coopération entre le fort et le faible, mais plutôt la subordination économique du second au premier. Je ne vais pas jusqu'à dire sa ruine, car le pays le plus arriéré peut trouver néanmoins avantage à ce commerce avec le pays économiquement supérieur, il obtiendra des produits à meilleur marché, mais il sera ce qu'est la province vis-à-vis de la capitale.

La politique libre échangiste n'est pas plus pacifique que la politique protectionniste : elle diffère seulement par ses procédés. Tandis que l'une est nationaliste, l'autre est impérialiste. La première a donc pour but d'empêcher les produits étrangers d'entrer sur le territoire national — comme au jeu du *foot-ball*, quoique je ne le connaisse que par ouï dire, le jeu consiste, je crois, à empêcher la balle du camp adverse à pénétrer dans votre camp. C'est donc une tactique plutôt défensive. La seconde, dédaignant de s'opposer à l'entrée des produits étrangers sur son territoire parce qu'elle est trop sûre de sa supériorité pour redouter leur concurrence, se donne pour unique but de faire pénétrer ses produits sur les marchés étrangers, comme dans le football aussi il s'agit de faire pénétrer sa balle dans le camp adverse. C'est la tactique de l'offensive. Comme le dit M. André Siegfried, dans un livre récent : « Le commerçant de Manchester est sans cesse penché sur les statistiques de cinquante pays pour supputer leur capacité d'absorption. De là son émoi sitôt qu'il se voit menacé de perdre quelqu'un de ces marchés — et s'il faut faire la guerre pour le retenir ou le disputer à d'autres concurrents, il n'hésitera pas. »

Car le libre échange n'a nullement la vertu, que lui attribuaient ses apôtres, de faire régner la paix entre les nations. C'était pourtant la pierre de touche à laquelle devait se reconnaître sa valeur. C'est ce que disait Bastiat, le plus grand protagoniste du libre échange qu'il y ait eu en France et même, pourrait-on dire, dans aucun autre pays : il écrivait :

« Il ne peut pas y avoir de recherche plus utile que celle des effets comparés de la liberté et de la restriction sur la politique extérieure des peuples et sur la paix du monde ».

C'est très bien dit : il n'y a pas de recherche plus utile que celle-là. Et Bastiat, après l'avoir faite en conscience, croyait pouvoir affirmer, comme Cobden, que c'était le régime libre-échangiste qui donnerait la paix au monde :

« Il tend à effacer les jalousies internationales, à détruire les idées d'envahissement et de conquête, à unir les peuples ». Mais toutefois il ajoutait cette réserve avec une loyauté qui lui fait honneur :

« Nous conviendrons en toute franchise que si on parvient à nous prouver que le libre-échange doit mettre entre les nations le même esprit de jalousie et d'hostilité que le régime restrictif, nous renoncerons pour toujours à notre entreprise ».

Eh bien, si Bastiat pouvait ressusciter et embrasser d'un coup d'œil les trois quarts de siècle écoulés depuis sa déclaration, n'admettrait-il pas avec la même loyauté que la preuve qu'il demandait est faite et qu'elle contredit son affirmation ? Ne reconnaîtrait-il pas que « le même esprit de jalousie et d'hostilité » subsiste chez les nations qui ont adopté le régime libre-échangiste ?

Les nations libre-échangistes ont-elles été des nations plus pacifistes que les nations protectionnistes ? Regardez quelle a été la politique du pays qui représente la mieux le libre-échange puisqu'il en a été la terre natale et qu'il lui doit sa puissance industrielle.

Or, de tous les pays du monde, l'Angleterre est celui qui a fait le plus souvent la guerre, sinon en Europe, du moins sur tous les autres continents. Et pourrait-on soutenir que sa politique commerciale n'a eu aucune part dans ces guerres incessantes ? Cette politique du libre-échange n'a-t-elle pas visé à conquérir la terre entière pour servir de débouchés aux marchandises anglaises, ou pour fournir les matières premières nécessaires à ses industries, la Mésopotamie pour le pétrole, le Soudan pour le coton ? ou encore pour garder ses routes commerciales, Gibraltar, Malte, Chypre, l'Egypte, Aden, sans prendre souci des principes des nationalités ? Vous avez vu dans les journaux que l'Angleterre vient d'annexer le Pôle Sud ; elle n'y trouvera pas grand débouché pour ses marchandises, il est vrai, mais il y a des baleines et des phoques dont l'huile ou la peau sont précieuses : puis on pourra trouver autre chose, on ne sait pas. Comme disait un de ses hommes politiques « partout où il y a de l'espace, il y a de l'espoir ». Mais les Etats-Unis viennent de répondre en annexant le Pôle Nord ! L'un des pôles sera pour le pays libre-échangiste, l'autre pour le pays protectionniste. On ne voit donc pas que la différence de régime commercial mette de différence entre leurs appétits.

Parmi les causes qui ont déclanché la dernière guerre mondiale, on sait quelle place prépondérante a été le désir d'ouvrir des débouchés dans le proche Orient ou en Afrique.

L'histoire ne nous autorise nullement à croire que le libre échange ait pour effet de créer entre les pays inter-échangistes les liens d'une véritable coopération comme celle que nous souhaitons.

Il y a un pays qui, depuis plus d'un siècle, a été le plus fidèle client de l'Angleterre, c'est le Portugal ; eh bien, le

Portugal est devenu moins un associé qu'un vassal de l'Angleterre. Et dans son immense Empire voit-on que l'Angleterre ait eu pour politique d'y créer une véritable Fédération coopérative ? ou n'est-ce pas plutôt d'empêcher que ses colonies et ses dominions n'arrivent à l'indépendance économique en produisant eux-mêmes ?

L'Inde, avec ses 300 millions d'habitants, est restée presque au même degré de développement industriel qu'elle l'était quand l'Angleterre en a fait la conquête. Elle produit cependant le coton et pourrait le filer elle-même, mais l'Angleterre préfère que ce coton soit envoyé aux métiers de Manchester pour en revenir sous forme de cotonnades, et être vendus aux populations des Indes. L'Angleterre croit, à tort ou à raison, que du jour où l'Inde filera et tissera son propre coton, ce sera la mort de l'industrie nationale qui a fait sa fortune.

De même, les autres Dominions de l'Angleterre, l'Australie, l'Afrique du Sud, le Canada, sont des pays encore très arriérés au point de vue industriel parce que l'Angleterre se charge de pourvoir à leurs besoins. La preuve que le libre échange a profité à l'Angleterre beaucoup plus qu'à ses Dominions, c'est que ceux-ci, chose curieuse, cherchent à s'affranchir de ce libre-échange en établissant des droits protecteurs contre les produits anglais ! Comme, au point de vue politique, leur liberté est absolue — ce qui est d'ailleurs une des vertus admirables de la politique coloniale anglaise — l'Angleterre ne peut les empêcher d'établir les droits protecteurs, mais elle cherche à conserver leur clientèle en leur offrant en retour un droit de préférence sur le marché anglais. Mais comment établir cette préférence tant que le marché anglais sera ouvert à tous ? Eh bien, on le fermera afin de réserver un droit de priorité aux produits des Dominions et ainsi, par une évolution imprévue, le libre échange aura abouti à la protection !

Il faut d'ailleurs rendre cette justice à l'Angleterre qu'elle a de tout temps internationalisé ses colonies en les ouvrant à tous et au commerce de tous. C'est précisément pourquoi elle a pu créer son immense empire colonial sans provoquer trop de protestations. Au contraire, chaque agrandissement colonial de la France a provoqué un vif mécontentement de l'étranger parce qu'il se voyait exclu des possessions coloniales françaises, au fur et à mesure que celles-ci s'étendaient. On a craint de voir la « Tunisification » comme on a nommé cette politique, s'étendre au Maroc et cette crainte a eu sa part dans les nombreux facteurs qui ont déclenché la dernière guerre.

En ceci la politique anglaise est plus large et plus habile que celle de la France qui, dès qu'elle a conquis un territoire, pose des barrières autour, et des poteaux avec cette inscription « chasse gardée ». En ceci le libre-échange se montre très supérieur au protectionnisme.

Ce libéralisme de l'Angleterre venait, il est vrai, du fier sentiment qu'elle avait de sa supériorité. Elle ne l'a plus autant aujourd'hui.

Car ce n'est pas seulement la préoccupation de resserrer les liens des Etats constituant l'Empire britannique qui tend à faire devier la vieille politique du *free trade*, c'est aussi le progrès industriel des pays d'Europe.

Durant de longues années, l'Angleterre se considérait avec raison comme ayant une supériorité telle qu'elle lui permettait de défier toute concurrence, sans avoir besoin de recourir au bouclier des droits protecteurs, mais les peuples, du jour où diminue leur confiance dans leur supériorité industrielle, deviennent, eux aussi, protectionnistes.

Cette superbe confiance de Manchester, déjà ébranlée avant la guerre par l'essor économique d'autres pays, particulièrement de l'Allemagne, a fait place à un sentiment de terreur depuis que l'industrie allemande s'est trouvée en situation de produire avec des prix de revient et des salaires très bas et, grâce à la volatilisation de son papier monnaie, s'est trouvée libérée de toute dette publique ou privée, antérieure à la guerre. Alors on a vu l'Angleterre elle-même recourir à des droits protecteurs — ou compensateurs, comme on voudra — sous prétexte de se défendre contre le *dumping*. La classe ouvrière elle-même, quoiqu'elle soit restée encore fidèle au *free trade* dans les dernières élections, lui impute la responsabilité du chômage.

Et dans les négociations en ce moment sur le règlement de l'indemnité allemande, l'Angleterre exprime la crainte de voir l'Allemagne se relever trop tôt — exactement comme les protectionnistes qui voient une terrible menace dans la reconstitution industrielle de l'Allemagne.

Alors ces deux régimes, opposés en apparence, portent-ils donc les mêmes fruits empoisonnés ?

J'espère qu'on ne nous accusera pas de chercher querelle à l'Angleterre, puisqu'en opposant les Pionniers de Rochdale aux marchands de Manchester c'est encore d'un idéal anglais que nous nous inspirons, et d'un idéal qui, nous le répétons, n'était pas seulement celui des Pionniers, car ils n'y visaient pas encore, mais celui de Cobden et de

John Bright. Nous disons seulement que ce régime commercial qui, dans l'esprit de ses fondateurs, devait assurer la paix entre les nations a abouti à un état de lutte et de conquête, tout comme le régime protectionniste (1).

Le très distingué conseiller de l'Union Coopérative anglaise, le Professeur Hall, nous reproche de confondre, dans notre critique, la libre concurrence avec le libre échange... Mais n'est-ce pas la vérité ? N'est-ce même pas là le caractère distinctif qui sépare le libre échange du protectionnisme ?

On dit que le libre échange aura pour résultat l'établissement d'une division du travail entre les nations, laquelle supprimera la concurrence ? Peut-être mais elle n'établira la division du travail qu'après avoir déblayé le terrain en éliminant les non spécialisés — et quand cette division du travail aura été établie, il est à craindre qu'elle se trouve définitive et crée entre les nations un régime de castes.

III

REGIME DES TRAITES DE COMMERCE.

§ 1. — En quoi ce régime diffère des deux précédents.

Ce régime diffère des deux précédents en ce qu'il n'est ni celui de l'autonomie nationaliste ni celui du laisser faire : c'est un régime contractuel.

C'est un contrat entre deux Etats, par lequel on règle d'un commun accord, après discussion et marchandage, les droits qui seront établis sur les produits de chaque pays respectif, ou quels produits seront exemptés de tout droit. On s'engage pour une certaine durée, généralement pour dix ans, avec clause de renouvellement automatique.

On pourrait croire que ce régime n'est qu'une espèce de transaction entre les deux régimes précédents, le régime protectionniste et le régime libre-échangiste : et on est d'autant mieux tenté de le croire qu'en fait le régime des traités de commerce est pratiqué simultanément avec les deux autres. Il y a généralement des traités de commerce entre presque tous les pays, qu'ils soient protectionnistes ou libre échangistes.

Néanmoins, il s'agit bien d'un régime spécial, et à telles enseignes que le régime protectionniste absolu, de même

(1) Dans son *Cours d'Economie Politique* notre collègue M. Truchy, dit : « La politique commerciale est devenue un combat abondant en ruses, en surprises, en attaques brusquées, où la rapidité est une condition du succès ». (Tome II, p. 50) Tableau très exact mais où le libre échange peut se reconnaître aussi bien que le protectionnisme.

que le régime libre-échangiste absolu, seraient l'un et l'autre incompatibles avec le régime des traités de commerce.

En ce qui concerne le régime libre-échangiste, d'abord, il n'a que faire de traités de commerce. C'est ce que répondait Cobden aux négociateurs français et à Michel Chevalier lorsqu'ils demandèrent, en 1860, un traité de commerce.

En effet, un traité, comme tout contrat, suppose un échange de concessions réciproques : donnez-moi ceci, je vous donnerai cela. Mais si nous sommes libre-échangistes, nous avons tout donné d'avance, puisque nos portes sont ouvertes à tout le monde : entre qui veut. Alors que pourriez-vous nous demander et que pourrions-nous donner de plus ? Faudra-t-il donc que nous fermions d'abord notre porte à seule fin de l'entrouvrir pour vous ?

Et quand la France répondait : Oui, mais si votre porte est ouverte, la nôtre ne l'est pas et elle ne s'ouvrira pour vous que si vous nous accordez quelque avantage sur nos concurrents — le pays libre-échangiste répliquait : A votre aise ! Si vous voulez fermer votre porte, ce sera tant pis pour vous, mais je continuerai à vous ouvrir la mienne. Je considère le droit protecteur comme un coup de bâton que le pays protectionniste se donne à lui-même : vous voulez vous donner des coups de bâton, je vous plains, mais ce n'est pas une raison pour que je m'en donne à moi-même sous prétexte de réciprocité.

Donc, le vrai libre-échangisme ne veut pas de traités de commerce.

D'ailleurs tout traité de commerce, de même que les traités d'alliance politique, constitue une sorte d'alliance contre les autres pays. Or, le libre-échange ne connaît pas de pays spéciaux. Il veut le marché universel, mondial.

C'est pour cette raison que l'Angleterre, en principe, n'a pas de traités de commerce. Si elle a néanmoins conclu quelques conventions dont je parlerai tout à l'heure, c'est parce qu'elle-même ne pratique pas le pur libre-échangisme. Elle a des droits de douane aussi élevés, ou même plus, que dans les pays protectionnistes. Il est vrai que généralement ils n'ont qu'un caractère fiscal, mais n'en constituant pas moins une protection réelle pour les produits similaires nationaux. Par exemple les droits sur les vins n'ont pas pour but de protéger la viticulture anglaise puisqu'il n'y a pas de vignes en Angleterre, toutefois les droits sur les vins étrangers constituent une protection indirecte pour les brasseries anglaises, et un dommage pour les viticulteurs français. C'est pourquoi toutes les fois que la

France et l'Angleterre négocient, ce sont les droits sur les vins qui font le principal de la discussion.

En sens inverse, un pays véritablement protectionniste ne veut pas non plus de traités de commerce, mais c'est pour un motif bien différent : c'est parce qu'un pays vraiment protectionniste a pour principe qu'il doit rester maître de ses tarifs : or tout traité avec un autre pays est une aliénation de sa souveraineté puisqu'il constitue des engagements.

Il y a même eu un traité de ce genre qui a été fait à perpétuité. C'est l'article 11 du traité de Francfort qui a suivi la guerre de 1870. Cet article établissait la clause de la nation la plus favorisée pour toutes les relations commerciales entre les deux pays ; et comme le traité politique ne comportait aucune limite de durée, l'accord commercial qui s'y trouvait inclus devait durer lui-même indéfiniment. Les événements en ont décidé autrement, car l'article 11 est tombé avec le traité de Francfort, à la suite de la dernière guerre et du traité de Versailles. C'était un cas unique de traité de commerce à durée indéterminée.

Sur ce point, je dois rectifier une fois de plus, quoique sans doute vainement, une erreur qui a cours dans presque tous les livres d'histoire français, à savoir que cet article 11 du traité de Francfort, qui stipule le traitement de la nation la plus favorisée entre les deux pays, avait été imposé par l'Allemagne à la France. C'est tout à fait inexact. C'est au contraire le négociateur français, M. Pouyer-Quertier, qui demanda au prince de Bismarck l'insertion de cette clause. Pourquoi ? Sans doute parce qu'il trouva une certaine satisfaction patriotique à faire insérer, dans un traité qui consacrait la défaite de la France, tout au moins une clause d'égalité réciproque.

Le pays protectionniste dit : Je me garderai bien de m'engager pour dix ans vis à vis d'autres pays et de promettre de ne pas modifier les droits durant tout ce temps-là. Je veux me réserver la faculté de modifier mes tarifs au fur et à mesure des changements qui peuvent se produire dans les conditions du marche général ou dans le coût de production de mes industries nationales. Je me garderai bien par conséquent de laisser incorporer — c'est le terme employé — dans un contrat sur lequel je n'aurai plus de prise, le tarif que je juge nécessaire.

Et c'est pourquoi le pays vraiment protectionniste, pas plus que le pays libre-échangiste, n'admet de traités de commerce.

Je viens de dire que l'Angleterre n'a pas de vrais traites

de commerce mais, au pôle opposé, les Etats-Unis protectionnistes n'en ont pas non plus. C'est ce qui leur permet de changer leurs tarifs chaque fois que la présidence passe du parti démocrate au parti républicain, ou inversement.

Et la France n'en a pas non plus. Les protectionnistes, en France, comme les Etats-Unis, ont toujours voulu avoir un tarif de douane qu'ils règleraient eux-mêmes, sans engagement synallagmatique avec les autres pays. Les protectionnistes, en France, ont gardé le souvenir cuisant de ces traités de 1860 dont je parlais tout à l'heure, avec l'Angleterre, qui furent imposés par l'empereur Napoléon III par un véritable coup d'Etat.

L'empereur Napoléon III avait gardé des sentiments reconnaissants pour l'Angleterre qui lui avait donné asile durant son exil et semblait, par l'hospitalité donnée au second Napoléon, avoir voulu racheter l'hospitalité donnée au premier à Sainte-Hélène. Napoléon III tenait d'ailleurs à maintenir l'alliance politique et militaire forgée sous les murs de Sébastopol et comme il s'était attribué par la Constitution un pouvoir à peu près absolu, il voulut faire un geste aimable vis-à-vis de l'Angleterre en lui ouvrant des portes du marché français. Il fit engager des négociations entre Michel Chevalier et Cobden, dont la presse reçut l'ordre de ne pas parler et qui se poursuivirent dans le mystère, de sorte qu'un beau jour les Chambres apprirent avec stupéfaction et indignation qu'on avait abandonné le régime protectionniste pour passer sinon au régime du libre-échange, du moins au régime contractuel.

Les protectionnistes se défiaient d'autant plus des traités de commerce que ces traités étaient négociés par des diplomates, par des hommes politiques qui ne sont pas des gens d'affaires, qui, disent-ils, ne savent pas ce que c'est que l'agriculture et l'industrie et n'ont que des préoccupations politiques.

Encore aujourd'hui, bien que le gouvernement ne manque pas au cours des négociations de faire appel à toutes les industries intéressées, et bien que nous ne soyons pas sous la constitution du Second Empire et que le Parlement ait toujours le dernier mot pour ratifier les traités, la méfiance ne s'est pas atténuée. On sait bien, en effet, que lorsque des traités ont été négociés après de longues discussions et qu'on les présente aux Chambres, elles se trouvent liées. Le ministre dit : Il faut voter ; nous ne pouvons pas recommencer le marchandage.

Voilà pourquoi les partisans du protectionnisme ne veulent pas de traités de commerce. Après la guerre de 1870, quand vinrent à expiration les traités de commerce conclus par Napoléon III, on demanda qu'ils fussent tous abrogés. « Plus de traités de commerce ! » fut le cri de ralliement, et il se trouva que le président de la République d'alors, M. Thiers, était tout disposé à le mettre en pratique. Il ne put néanmoins les abroger tout de suite, parce qu'il y avait des engagements qu'il fallut renouveler encore pour plusieurs périodes, et ce ne fut qu'en 1892 que les protectionnistes obtinrent ce qu'ils voulaient depuis si longtemps, c'est-à-dire la suppression de tous les traités de commerce. A cette date ils se sont empressés d'établir enfin un tarif autonome.

Toutefois, on n'a pas osé être aussi intransigeant que les Etats-Unis, c'est-à-dire n'avoir qu'un seul tarif qui exclut tout marchandage. On a voulu tout de même laisser la porte ouverte à certaines négociations et on a eu l'idée assez originale d'établir deux tarifs. C'est le régime sous lequel nous sommes aujourd'hui. Ces deux tarifs ne sont nullement le résultat de discussions avec les pays étrangers, mais sont votés par les Chambres, sous la forme de lois. Le tarif minimum est parallèle au tarif général mais avec des droits moindres. C'est un étage au-dessous du tarif général.

Pourquoi cette combinaison de tarif à deux paliers ? Cela répond à un double but.

Le premier c'est, sans exclure tout à fait les négociations avec l'étranger, de limiter l'action du gouvernement. Le tarif minimum agit comme ces chaînes de sûreté que vous avez vues aux portes des appartements, chez les dames un peu timorées. Il y a une chaîne qui ne permet d'entrebailler la porte que de quelques centimètres. Le gouvernement français ne peut pas ouvrir la porte au-delà des limites marquées par le tarif minimum.

Le second but de ce tarif à double étage c'est d'agir comme une menace destinée à faire capituler l'adversaire. On établit ce tarif général au taux le plus élevé possible afin que les négociateurs puissent dire aux co-contractants : Voilà ce qui vous menace ! Si vous ne nous accordez pas telles ou telles conditions, si vous ne laissez pas entrer nos produits, nous vous infligerons le tarif général qui sera véritablement prohibitif; tandis que si vous faites les concessions, nous vous accorderons gentiment le tarif minimum.

Rien qui répugne plus, assurément, à l'esprit coopératif qu'une semblable politique de contrainte, on pourrait même dire de chantage.

Mais de quelles négociations s'agit-il, puisque je vous ai dit que depuis 1892 les traités de commerce étaient supprimés ? C'est absolument vrai : il n'y a plus de traités de commerce, mais il y a encore ce qu'on appelle des accords commerciaux. Ce n'est pas la même chose. Le vrai traité de commerce lie deux pays comme tout contrat lie les co-contractants, tandis qu'aujourd'hui les accords signés par la France ne lient personne, ni la France ni les autres pays. L'Etat se réserve toujours le droit de modifier ses tarifs quand il voudra, soit le tarif général soit le tarif minimum. Ce n'est pas un contrat qu'il signe, c'est une tolérance qu'il accorde et à titre provisoire. C'est, si vous voulez, la même différence que pour les locations d'appartements entre les locations avec baux et les locations sans baux. Quand un locataire loue un appartement avec un bail, la durée de la location est fixée par le bail, trois, six, neuf ans, ou plus, et le locataire est en sécurité jusqu'à l'expiration du bail ; mais si la location est faite sans bail, le propriétaire se réserve la faculté de congédier le locataire quand il voudra, ou avec un délai de préavis très bref.

Pour les accords commerciaux, le délai de préavis pour la dénonciation était naguère d'un an, mais il n'est plus aujourd'hui que de trois mois.

En fait, il a fallu allonger un peu la chaine de sûreté dont je parlais tout à l'heure, pour permettre un peu plus de jeu dans la porte.

Car certains pays nous ont dit : Si vous ne vous engagez pas, nous ne traitons pas. On a consenti alors à s'engager de même, mais seulement sur certains articles. C'est ce qu'on appelle « consolider » un droit.

D'autres pays nous ont dit : Votre tarif, même minimum, est trop élevé ; nous ne voulons pas traiter sur ce pied. Alors, on a consenti quelques rabais même sur le tarif minimum.

§ 2. — Si ce régime peut suffire à donner satisfaction aux coopérateurs.

Nous devons nous demander maintenant, comme nous l'avons fait pour les deux régimes précédents, ce que doivent en penser les coopérateurs ? Y trouveront-ils enfin ce qu'ils cherchent ?

A première vue, il semble que, pour des coopérateurs le régime des traités doive être plus attrayant, non pas seulement que le régime protectionniste, cela va sans dire, mais même que le régime libre-échangiste.

En effet, il a d'abord ceci pour lui qu'il se fonde, par définition même, sur un contrat, un accord de bonnes volonlés. Si, comme nous l'avons dit, la politique commerciale telle qu'elle est pratiquée partout, est un état de guerre, eh bien ! le traité de commerce met fin à un état de guerre et doit empêcher toute guerre économique, tout au moins pour une durée égale à celle des engagements stipulés.

C'est ainsi que, dans un autre domaine, quand il y a conflit entre le capital et le travail, nous considérons certainement comme une solution désirable tout accord entre les parties, tout traité entre le capital et le travail, qui s'appellera, suivant le cas, convention collective, participation aux bénéfices, société à participation ouvrière, et qui, sous toutes ces formes, aura l'avantage de mettre fin aux conflits passés et de prévenir des conflits futurs.

Il y a donc là un caractère consensuel qui semble bien fait pour recommander le régime des traités de commerce aux coopérateurs, tout au moins quand il s'agit de vrais traités de commerce et non pas de ces caricatures de traités de commerce que sont les accords commerciaux de la France en ce moment.

La preuve d'ailleurs que les traités de commerce sont considérés comme une solution pacifiante c'est que toutes les fois que des traités de commerce sont signés entre différents pays, on y voit un événement heureux, pacifiant, qui écarte des risques de guerre.

Il y a encore un second motif qui doit nous rendre sympathique le régime des traités de commerce ; c'est qu'ils aboutissent à des diminutions de droits de douane et par là même à l'abaissement des prix, au grand avantage des consommateurs.

En effet, quand on négocie un traité de commerce, chaque pays dit à l'autre : Si vous me consentez telle réduction sur vos droits de douane, je vous consentirai une réduction parallèle sur les miens. Ce marchandage aboutit donc nécessairement à une diminution réciproque des droits de douane et par conséquent à une diminution des prix, dans la mesure où les droits de douane agissent sur les prix des marchandises.

Néanmoins, tout en reconnaissant les avantages du régime conventionnel pour les consommateurs, nous ne pourrons cependant considérer que ce régime des traités de commerce réalise pleinement notre politique commerciale idéale.

Cela pour différents motifs que nous allons examiner.

D'abord, il ne faut pas se faire d'illusion sur l'efficacité que ce régime peut exercer au point de vue de la paix entre les peuples. J'ai fait remarquer, dans les pages précédentes, que c'était une illusion de croire que le régime libre-échangiste allait inaugurer la paix entre les peuples, mais ce n'est pas une moindre illusion en ce qui concerne les traités de commerce. Il suffit de penser que, comme je le disais il y a quelques minutes, la France et l'Allemagne étaient liées depuis cinquante ans par un traité de commerce et un traité unique au monde puisqu'il avait un caractère perpétuel, et pourtant on ne peut dire qu'il ait eu pour effet de maintenir à perpétuité la paix entre les deux pays!

Il est même très fréquent que ces traités, conclus à la suite de pénibles discussions et de laborieux marchandages, laissent dans l'esprit de chacune des parties le sentiment qu'elle a été roulée par l'autre. La presse et les discours au Parlement ne manquent pas d'ailleurs de fortifier ces sentiments de déceptions réciproques.

D'autre part, si le régime des traités répond à l'esprit coopératif en ce qu'il implique un accord de bonnes volontés, il faut remarquer cependant qu'il ne s'agit que d'un accord bilatéral et non d'une association.

Voici ce que je veux dire. Il y a deux catégories de contrats entre les personnes. Il y a les contrats bilatéraux ou synallagmatiques, contrats à deux, tels que la vente, le louage, le prêt, mais ces contrats à deux n'ont généralement pas pour effet d'engendrer des sentiments cordiaux entre les deux parties, tant s'en faut ! Entre vendeur et acheteur, propriétaire et locataire, créancier et débiteur, c'est plutôt l'antagonisme, souvent la guerre, qui est la règle. Le contrat à deux c'est une sorte de duel.

Il y a une autre catégorie de contrats qui sont les contrats de société. Ce ne sont plus des contrats par couples, mais qui embrassent un plus ou moins grand nombre de personnes : au moins trois, *tres faciunt collegium*, dit un adage juridique latin, il faut être au moins trois pour faire une association. Notre loi française sur les sociétés coopératives dit : au moins sept. Or ceci change tout. L'associé ne se trouve pas à l'égard de ses co-contractants, comme en face d'adversaires d'un camp opposé; il est, au contraire, dans un même camp. Les intérêts, au lieu d'être divergents sont convergents.

Eh bien, le traité de commerce c'est un contrat comme la vente, comme la location, ou comme le prêt, un contrat à deux, où les intérêts des parties sont opposés — et quoique suspendue par la signature même du contrat, l'opposition n'en subsiste pas moins.

Hâtons-nous cependant de rectifier ce qu'il y a de trop absolu dans ce que nous venons de dire du caractère bilatéral du régime commercial. Les traités de commerce ne sont pas nécessairement des traités en tête à tête, car chaque pays peut signer des traités de commerce avec tous les autres pays ; c'est en effet ce qui s'est passé, par exemple, après le traité de 1860 entre la France et l'Angleterre. Tous les pays ont voulu faire de même, de façon qu'au bout de cinq ou six ans chaque pays d'Europe a été lié par des traités avec tous les autres pays.

Il est vrai que si ces traités étaient restés indépendants les uns des autres, leur multiplicité ne changerait rien au caractère bilatéral que je viens de signaler, mais en fait il y a entr'eux une certaine interdépendance grâce à l'insertion dans la plupart de ces traités d'une clause qui a marqué une étape nouvelle dans le régime de la politique commerciale : c'est ce qu'on appelle « la clause de la nation la plus favorisée ».

Elle a été introduite pour la première fois dans le traité de Francfort, entre la France et l'Allemagne, dans l'article 11 dont j'ai parlé tout à l'heure. La France s'était engagée à accorder à l'Allemagne tout ce qu'elle accorderait éventuellement à tous les autres pays (ou du moins aux six pays voisins), à charge de réciprocité. L'Allemagne, s'engageant à accorder à la France toutes les concessions qu'elle pourrait faire à ces mêmes pays. Cette clause de la nation la plus favorisée est devenue peu à peu une clause de style et a été introduite dans tous les traités de commerce.

Les pays ne sont donc plus simplement liés par couples, mais bien par une sorte d'association où tous les membres ont des droits égaux.

Et c'est bien pourquoi les nationalistes de tous les pays sont opposés à la clause de la nation la plus favorisée ! Ils demandent aujourd'hui qu'elle soit formellement exclue de toutes les conventions commerciales (1). Ils disent — et il faut reconnaître que c'est assez vrai — que par son déclenchement automatique cette clause peut rendre vaines les plus habiles négociations. A quoi servira-t-il à la France d'obtenir, aux prix de grandes concessions, un débouché pour ses vins si les pays vinicoles concurrents, Espagne et Italie, se trouvent bénéficier — et sans avoir à faire aucune concession pour cela — de la même faveur ?

Oui, mais nous, coopérateurs, nous ne prenons pas souci que les autres nations bénéficient des mêmes avantages que

---

(1) On sait que c'est le refus d'admettre cette clause qui vient d'empêcher la conclusion d'un traité de commerce avec l'Allemagne.

nous; tant mieux pour tous ! et nous voyons au contraire dans la généralisation de la clause de la nation la plus favorisée un progrès de plus de la solidarité internationale. Pourtant son caractère automatique nous déplaît aussi, quoique pour des motifs différents. Ce n'est pas une vraie coopération, pour les nations non plus que pour les individus, que celle dans laquelle on se trouve engagé sans l'avoir voulu et en rechignant.

Si donc nous nous sommes rapprochés du but, nous ne le touchons pas encore : ne pourrait-on y arriver par d'autres moyens ?

IV

CE QUE DEVRAIT ETRE LE REGIME DU COMMERCE INTERNATIONAL ORGANISE COOPERATIVEMENT.

Puisqu'aucun des régimes que nous venons de passer en revue ne nous paraît satisfaire complètement aux desiderata du coopératisme, il faut donc en chercher un nouveau.

Toutefois, je dois dire que généralement les coopérateurs estiment cette recherche superflue. D'abord bon nombre de coopérateurs, comme je l'ai dit dans une des précédentes leçons écartent cette question parce qu'étant de nature à diviser les coopérateurs.

Quant à ceux qui ne se laissent pas arrêter par ce scrupule ils s'en tiennent au libre échange pur et simple. Et enfin ceux-là même qui admettent que le problème doit être posé disent, comme un éminent leader coopératif suédois, Anders Orne, que « le moment pour formuler un projet définitif sur la politique des mouvements coopératifs n'est pas encore venu ». Soit ! mais si on ne s'en occupe pas, le moment ne viendra jamais.

Il n'y a guère, à vrai dire, que les coopérateurs français qui aient cherché à tracer un programme de politique commerciale internationale spécifiquement coopérative.

Mais avant de chercher à construire un système de toutes pièces, il faut voir d'abord s'il n'y a pas déjà quelque commencement de réalisation où l'on peut trouver véritablement un caractère coopératif ?

§ 1. — Le commerce international entre les organisations coopératives existantes.

Oui, il existe déjà assurément, quoiqu'à l'état d'embryon : c'est le mouvement d'échange entre les Magasins de Gros des divers pays

J'ai déjà expliqué dans mes cours des années précédentes ce que sont les Magasins de Gros coopératifs ou, comme disent les Anglais, les Wholesales. Ce sont des sociétés de consommation au second degré, c'est-à-dire des unions de sociétés jouant le même rôle pour les sociétés adhérentes que celles-ci vis-à-vis de leurs membres individuels, c'est-à-dire achetant en gros et répartissant les denrées nécessaires à leurs besoins.

Certains de ces magasins de gros sont des institutions colossales, comme par exemple la *Wholesale* de Manchester qui fait 66 millions de livres d'affaires (1660 millions francs or).

Le Magasin de Gros de Moscou, dit *Centrosoyus*, est aussi une organisation puissante, la plus puissante de beaucoup de toute la Russie puisque les entreprises capitalistes ont été supprimées. Son chiffre d'affaires (1923) s'élève à 181 millions roubles-or qui font 481 millions francs-or.

Le Magasin de Gros de France, installé à Paris, a fait cette année pour 270 milions de francs d'affaires, ce qui ne représente guère que 75 millions de francs-or ; il marque cependant un grand progrès puisque le chiffre n'était que d'une douzaine de millions de francs à la veille de la guerre, il y a dix ans.

Ces magasins de gros nationaux ne pourraient-ils organiser des échanges entre eux ?

Oui, cela se fait déjà, mais sur une petite échelle, car ce n'est que depuis la guerre que quelques relations entre les Magasins de gros des différents pays se sont établies à l'instigation de l'Alliance Coopérative Internationale. Elles représentent à l'heure actuelle, si on totalise les opérations des 23 magasins de gros qui existent en Europe, 30 millions de livres sterling d'achats (en 1923), c'est-à-dire 750 millions de francs-or, dont la plus grande partie, 23 millions livres (près de 600 millions francs-or, donc les 4/5e) représentent la part de la Wholesale de Manchester, ce qui réduit donc à bien peu de chose les parts des Magasins de Gros de l'Europe Continentale.

Evidemment c'est un chiffre insignifiant si on le compare à celui du commerce international du monde qui s'élève à plusieurs centaines de milliards de francs-or.

Et voici une seconde remarque qui rabat encore l'importance de ce chiffre : c'est que la presque totalité de ces achats est faite tout simplement au commerce privé. Il n'y a en effet, sur les 30 millions de livres d'achats, que 10 millions fournis par des organisations coopératives — et encore est-ce une façon de parler, car la presque totalité de ces achats faits à l'étranger n'est autre que le montant des marchandises reçues par la Wholesale de ses propres dépôts à l'étranger et achetées par ceux-ci au commerce local. Ces achats n'ont pas le caractère coopératif, puisqu'ils subissent les lois ordinaires du commerce et du profit ; ils n'entreront dans le monde coopératif que le jour où ils seront répartis entre les sociétés locales.

En sorte que finalement le montant des achats et ventes faits par les organisations coopératives à d'autres organisations coopératives, le seul qui représente un commerce vraiment coopératif, ne dépasse guère 6 millions de livres (150 millions francs-or).

Mais la face des choses change si nous regardons au Magasin de Gros de Russie, au Centrosoyus de Moscou. L'année dernière il a fait avec l'étranger pour 38 millions de roubles-or d'affaires, ce qui fait 100 millions de francs-or.

Et, à la différence des autres Magasins de Gros, c'est surtout par ses ventes ou exportations qu'il se distingue. Elles représentent les 3/4 du total que nous venons de chiffrer. Cette supériorité s'explique par le fait que le Magasin de Gros Russe se trouve dans une situation tout à fait privilégiée à cet égard puisqu'il est la seule entreprise qui puisse faire l'exportation en Russie. En effet, le commerce extérieur a été nationalisé, c'est-à-dire que c'est un monopole de l'Etat. Toutefois, l'Etat a accordé au Centrosoyus le droit d'acheter et de vendre à l'étranger, mais en dehors de l'Etat et du Magasin de Gros, nul ne peut en Russie faire d'exportation ni d'importation.

Il n'est donc pas surprenant, dans ces conditions, que le Centrosoyus puisse faire déjà un important mouvement d'échanges, et il espère que, dans le courant de l'année 1924, le chiffre de ses exportations augmentera dans des proportions considérables.

Le Centrosoyus vend les produits ordinaires de Russie : beurre, œufs, graines de tournesol, lin, fourrures, etc. J'ai vu dans les entrepôts qui servent précisément pour le commerce d'exportation de la Russie, à Riga, des stocks énormes de marchandises destinés à l'exportation, de quoi charger plusieurs navires. Le Centrosoyus a des dépôts non seulement à Riga mais à Memel, à Berlin, à Londres ; et même à Paris il y a un petit dépôt. Si vous avez l'occasion de passer rue d'Anjou, vous verrez au n° 32 une plaque de cuivre au nom du Centrosoyus.

Cette agence est peu de chose car la rupture des relations diplomatiques entre les deux pays a eu pour résultat la cessation presque complète des relations commerciales.

Cependant elle se fait pour quelques centaines de milliers de francs d'affaires. Le principal article de vente de l'agence de Paris est assez imprévu : ce sont des cocons venus de la Russie du Sud, de la Géorgie. Ces cocons sont achetés par les filateurs des départements du Sud-Est de la France, Ardèche, Drôme et Gard.

Voilà donc un magasin de gros coopératif qui agit comme un organe d'échange international. Seulement ce n'est encore que pour une faible part qu'il vend à des organismes coopératifs. La plus grosse part va au commerce privé. Comment pourrait-il en être autrement ? Si nous prenons l'article de vente que je viens de citer, les cocons, il est évident qu'ils ne peuvent être vendus à des sociétés coopératives, parce qu'elles n'ont pas de filatures de soie en France, ni en aucun pays, jusqu'à présent du moins.

En outre de la Wholesale et du Centrosoyus, il faut citer encore le magasin coopératif Tchèque qui exporte pour quelque 2 millions à peu près, principalement de sucre : le sucre est un des produits spéciaux de l'industrie tchécoslovaque. Notons encore un magasin de gros, celui de Finlande, à Helsingfors, qui exporte pour quelques millions d'un produit tout à fait spécial, les boîtes d'allumettes.

Vous n'ignorez pas que c'est dans les immenses forêts des Etats scandinaves et finlandaises qu'on va chercher le bois qui sert non seulement à la fabrication du papier mais aussi à celle des allumettes. Tout le monde connaît les allumettes suédoises, mais les Finlandais peuvent faire aussi bien des allumettes que les Suédois.

Ce qu'il y a d'intéressant c'est que les Magasins de Gros de Finlande et de Suède, quand ils ont entrepris de fabriquer des allumettes pour les besoins de leurs sociétaires, se sont trouvés aux prises avec un trust qui a concentré presque toute la fabrication des allumettes. Après plusieurs années d'une lutte héroïque, finalement les magasins de gros des deux pays ont eu le dessus. Le trust a eu beau chercher à étrangler l'adversaire en vendant à vil prix, les magasins de gros ont résisté et c'est là qu'on a vu la vertu coopérative. Ils ont dit aux sociétaires : continuez à nous acheter nos allumettes, même en les payant plus cher que chez le trust. Et les sociétaires l'ont fait ! Ils sont restés fidèles à leur organisation coopérative et le trust a fini par capituler. Aujourd'hui, les Magasins de gros de Stockholm et d'Helsingfors sont libres de vendre leurs allumettes au prix qu'ils ont fixé, et non seulement ils suffisent à pourvoir aux besoins de leurs sociétaires mais encore ils exportent à l'étranger et parfois délogent le trust des positions qu'il avait conquises, notamment en Palestine.

Vous savez que le Sionisme a créé en Palestine maintes sociétés coopératives. Eh bien, ces sociétés achètent leurs allumettes au Magasin de gros d'Helsingfors, et aussitôt que les premières caisses des coopératives finlandaises ont été débarquées en Palestine, le trust des allumettes a baissé ses prix de 25 %.

Voilà donc déjà une intervention coopérative dans le commerce international ! C'est bien peu de chose, mais c'est un bon augure.

Quant au Magasin de gros anglais, ce qu'il achète surtout ce sont des farines, du blé, du beurre, en Danemark et en Russie. Pour ses ventes ce ne sont encore que de très petites quantités; beaucoup de bicyclettes.

Montons d'un degré. Est-ce qu'on ne pourrait pas faire mieux que nouer des relations entre les Magasins de gros des différents pays, faire ce qu'on a fait pour l'intérieur de chaque pays, créer un organisme intermédiaire qui mettrait en communication les Fédérations Nationales de tous les pays ? c'est-à-dire créer un Magasin de gros International qui recevrait les commandes des magasins de gros des différents pays et les répartirait entr'eux selon leurs besoins ?

Sans doute, ce serait très désirable et c'est précisément une question à l'ordre du jour.

Depuis quatre ans, dans tous les Congrès coopératifs internationaux on étudie les moyens de mettre sur pied un Magasin de gros vraiment international, qui pourrait prendre pour siège soit Genève, à côté de la Société des Nations et du Bureau International du Travail, soit La Haye, à côté de la Cour Internationale.

Mais c'est une grosse affaire de mettre sur pied un Magasin International. Il faut lui trouver des capitaux considérables, car les chiffres que je viens de vous citer ne sont pas suffisants pour assurer d'une façon régulière la vie d'un grand établissement international.

D'ailleurs, le Magasin de gros qui devrait être le principal facteur de cette organisation, à savoir le magasin anglais, la Wholesale de Manchester, n'a montré aucun empressement à la réaliser, en donnant pour raison que cette tentative serait prématurée. Mais sans doute aussi en sent-il moins le besoin parce qu'en fait c'est ce Magasin de gros qui fait la plus grande partie des opérations internationales en Europe. On conçoit qu'il se montre moins empressé à abdiquer ce rôle pour devenir une simple succursale d'un organe plus élevé qui serait le Magasin de Gros international.

On a trouvé cependant une solution provisoire, à la réunion du Conseil de l'Alliance Coopérative Internationale à Prague (mars 1924), qui donne satisfaction à la fois au principe d'un Magasin de gros international, et à l'amour-propre du Magasin de Gros anglais. On a donné mandat au Magasin de Gros anglais de créer lui-même un bureau, une division spéciale autonome, dit Magasin International, mais qui en fait ne devra pas faire de ventes ni d'achats; il aura seulement pour tâche d'encourager et développer les échanges internationaux coopératifs déjà existants, et éventuellement de préparer la voie à un vrai Magasin International. C'est donc sinon un enterrement, du moins un ajournement de la question.

Mais il faut faire un pas de plus, car si on veut créer un mouvement d'échange entre les coopérateurs des divers pays il ne suffit pas de créer un Magasin de gros international, il faut créer à côté de lui une autre institution, une Banque Coopérative Internationale.

En effet, dans l'état où se trouve l'Europe en ce moment-ci, avec des instruments monétaires absolument détraqués, les paiements sont extrêmement difficiles et, d'autre part, le crédit fait absolument défaut ou ne peut être obtenu qu'à des taux prohibitifs.

Voici la Russie par exemple : elle voudrait bien acheter et même pour des milliards; seulement elle n'a pas de quoi payer. Cela se comprend, après les dix années de guerre étrangère et de guerre civile qu'elle vient de subir.

Le Magasin de Gros anglais a bien fait à la Russie quelques ventes à crédit et, non sans quelques lenteurs, il a été remboursé. Mais le Magasin anglais, et à plus forte raison un Magasin international, ne peut entrer dans cette voie de vendre à crédit, ce qui serait d'ailleurs tout à fait contraire aux principes coopératifs.

Il faudrait donc créer, à côté du Magasin de Gros, une Banque qui en escomptant, comme cela se fait dans le commerce, les traites tirées sur la Russie ou sur d'autres pays acheteurs, permît au Magasin de gros international de vendre comptant et de se libérer de toutes opérations de crédit qui ne sont pas son affaire et entraîneraient sa ruine.

Et c'est même par la création de la Banque Internationale qu'il faut commencer. Seulement, la difficulté reste la même, car s'il s'agit de trouver des capitaux pour créer la Banque coopérative internationale.

On s'en occupe, c'est à l'ordre du jour du Congrès de l'Alliance Coopérative Internationale qui va se réunir à Gand à la fin du mois d'août prochain (1).

§ 2. — Les caractéristiques d'un commerce international coopératif.

Somme toute donc, le commerce coopératif international n'est encore qu'à l'état d'ébauche, mais qu'importe si tel quel il peut déjà nous fournir les directives du programme général que nous cherchons ?

Or, elles s'y trouvent et il suffit de savoir les discerner et les dégager. Il n'y a plus commerce proprement dit, c'est-à-dire ventes et achats, mais échange. Il n'y a plus préoccupation de réaliser des profits, mais de pourvoir à des besoins. Il n'y a plus concurrence, mais coordination.

Pour tout dire en une formule, les Unions Coopératives nationales dans leurs relations entr'elles suivent les mêmes règles que celles qui dans l'intérieur de chaque société régissent les relations des membres entr'eux. Vous savez quels sont les rapports d'échange qui existent entre les membres d'une même société coopérative. Dans l'usage courant on appelle cela des ventes et des achats; on dit qu'une société de consommation vend à ses membres et que ceux-ci lui achètent; mais en réalité il n'y a ni ventes ni achats, puisque ce sont les mêmes individus qui sont à la fois marchands et acheteurs. On ne peut pas se vendre à soi-même. Il n'y a donc pas là un véritable commerce; les opérations qui se passent à l'intérieur d'une société coopérative ne sont qu'une répartition des denrées. Les membres de la société coopérative de consommation se partagent entre eux les denrées qu'ils ont achetées en commun: mais au lieu de les partager sous la forme simpliste qui consisterait à attribuer à chacun en nature la part dont il a besoin, comme font par exemple les syndicats agricoles qui achètent et livrent sur commande, on trouve plus simple de procéder sous la forme ordinaire de la vente, la société achetant en gros tout ce qu'elle prévoit nécessaire pour répondre aux besoins de ses membres — et ceux-ci prenant ensuite ce qu'il leur faut et remboursant à la société le prix d'achat.

C'est pourquoi les Anglais appellent ces sociétés d'un nom caractéristique, non pas sociétés de consommation mais

(1) La question a été ajournée.

« sociétés distributives ». En France même le mot employé pour désigner la vente à l'intérieur est « répartition ».

Et de même font les Magasins de Gros coopératifs à l'égard des sociétés adhérentes, hormis l'un d'eux sur lequel je vais revenir. Ils excluent tout esprit de lucre, toute attente de profit, soit qu'ils vendent au prix de revient, soit qu'ils restituent au magasin étranger acheteur le bénéfice réalisé. Et par le fait même qu'ils se désintéressent de tout profit, il en résulte qu'ils ne cherchent pas à se faire concurrence ni à empiéter sur le terrain les uns des autres. Ils ne se préoccupent que de satisfaire aux besoins de leurs sociétés en important les denrées que les organisations coopératives de l'étranger peuvent leur fournir dans les conditions les plus économiques. Mais ils ne visent pas à la vente — à quoi bon puisqu'ils n'y gagnent rien — sinon quand il s'agit de répondre aux demandes de Magasins étrangers et parce qu'ils doivent rendre à ceux-ci le même service qu'ils en attendent. D'ailleurs il faut bien qu'ils exportent pour compenser leurs importations.

J'ai averti qu'il y avait une exception : c'est le Magasin de Gros coopératif de Moscou, qui fait beaucoup plus d'exportations que d'importations et qui réalise des profits sur les clients qui lui achètent; je crois même que ces profits sont une source très importante de ses revenus. Evidemment c'est là un commerce qui n'a rien de coopératif, ni encore moins de communiste. Mais le Centrosoyus n'est pas, en ce qui concerne le commerce international, une organisation uniquement coopérative, puisqu'il exerce une délégation de l'État. D'autre part, ce n'est pas sa faute s'il vend au commerce privé — et on ne peut pourtant pas lui demander de vendre sans bénéfice à des commerçants, puisqu'il ne ferait que leur procurer des bénéfices inespérés dont ceux-ci riraient ! Il ne demanderait pas mieux que de vendre à des organisations coopératives plutôt qu'au commerce privé, seulement celles-ci ne sont pas suffisamment organisées pour ces achats.

Eh bien, faisons maintenant un effort d'imagination et essayons de nous représenter ce que deviendrait le régime commercial du monde si ces ébauches dont je viens de parler étaient généralisées.

Imaginons un monde, ou tout au moins une Europe, qui serait tout à fait coopératisée, dans laquelle, à l'intérieur de chaque pays, les échanges se feraient uniquement par voie coopérative et dans laquelle un Magasin de Gros international, appuyé sur une Banque internationale, établirait entre les Magasins de Gros des différents pays les mêmes relations que ces Magasins de Gros établissent dans chaque pays entre les sociétés locales.

Ce serait une révolution complète dans le commerce international, et par là même dans la vie économique de tous les pays, probablement même dans leurs relations politiques.

En effet, quel est le moteur du commerce international aujourd'hui? Je l'ai dit déjà, c'est de chercher à vendre. C'est une lutte qui a la concurrence pour moyen et le profit pour but. Que ce soit sous le régime protectionniste ou sous le régime libre-échangiste, c'est la même préoccupation : on ne vise qu'à l'exportation. Quant à l'importation, c'est-à-dire l'achat, elle n'apparaît que comme un pis-aller; on s'y résigne sans la désirer; on ne peut s'y refuser dans certains cas, soit parce qu'il s'agit de produits qui manquent totalement à la nation et que par conséquent elle ne peut se procurer que par l'importation; soit parce que si on refusait d'acheter tout produit de l'étranger, l'étranger se refuserait à acheter les nôtres; soit enfin parce que les économistes ont appris à l'opinion publique — non sans peine car elle est loin encore d'être bien éclairée sur ce point — qu'un pays ne peut exporter que dans la mesure où il importe, parce que le client auquel il vend ne pourra pas le payer indéfiniment en argent et qu'un jour ou l'autre il ne pourra s'acquitter qu'en nature, en produits. C'est surtout en ces derniers temps, à l'occasion du paiement de l'indemnité allemande, que l'on a dû répéter mille fois cette démonstration.

Une telle politique, hantée par la préoccupation des débouchés à ouvrir et des clients à annexer, est désastreuse au point de vue non seulement politique mais moral. Elle est grosse de toutes les immoralités. Prenons un exemple en France; la grande préoccupation de la politique commerciale française, c'est de vendre nos vins à l'étranger.

Le vin français est, pour reprendre la comparaison dont j'usais dans une précédente leçon, le ballon des joueurs de foot-ball, qu'il s'agit de faire pénétrer dans le camp des autres pays, mais le jeu est devenu d'autant plus difficile qu'il y a aujourd'hui bon nombre de pays qui refusent de recevoir toute boisson alcoolique, de pays qui se « sèchent », pour employer l'expression américaine. Alors la tactique de la France c'est de dire : si vous prohibez mes vins, je fermerai la porte à vos produits. C'est la politique qu'elle a suivie vis-à-vis de la Norvège, de la Finlande — mais qu'elle n'a pas osé appliquer aux Etats-Unis.

S'opposer à une réforme qui, quoiqu'on puisse en penser, est évidemment inspirée par une préoccupation humanitaire, contraindre un pays à s'alcooliser alors qu'il s'efforce de s'en préserver — et cela à seule fin de maintenir les profits de nos producteurs de vin et d'eau-de-vie, c'est exactement la même politique que celle qui, il y a un demi-siècle, déclara la guerre à la Chine pour la forcer à absorber l'opium des Indes. Elle ne peut être qu'odieuse à tout vrai coopérateur.

Eh bien, dans une Europe constituée sur le modèle d'une société coopérative, il en serait tout autrement.

Les pays, unis par ce lien coopératif, ne se préoccuperaient pas d'exporter. Quel intérêt y auraient-ils, puisqu'ils n'auraient plus la préoccupation du profit ? Ils n'auraient qu'un but, c'est de s'approvisionner et de satisfaire à leurs besoins dans les conditions les plus économiques. C'est donc l'importation qui deviendrait le but de la politique commerciale coopérative.

L'exportation, au lieu d'être le but, ne serait qu'un moyen, une livraison en nature pour payer les marchandises importées : il faudrait bien envoyer des marchandises parce qu'on ne pourrait pas envoyer indéfiniment de l'argent.

Et ce serait aussi un acte de confraternité pour répondre aux demandes de ceux des pays qui manqueraient de telle ou telle marchandise nécessaire à leurs besoins. Ce serait un devoir de la leur livrer dans la mesure du possible, c'est-à-dire des excédents disponibles — quoique vraisemblablement sous un tel régime l'excédent dût être assez restreint, le stimulant du profit faisant précisément défaut.

En somme, tandis que dans la situation actuelle le commerce a un caractère actif, on peut dire que dans l'organisation coopérative il aurait un caractère passif. Au lieu de crier comme dans le commerce actuel, en lançant ses produits sur le marché : Prenez ! on dirait au contraire : Envoyez !

Au point de vue politique même, une organisation semblable pourrait avoir une très puissante action.

Voici quelques lignes d'un article publié, à propos du projet de création d'un Magasin de Gros International, dans la Revue *La Paix par le Droit :*

« Essayez, dit M. Prudhommeaux, d'imaginer ce que serait le bureau centralisateur des commandes de ce Magasin de Gros universel, recevant les ordres de tous les magasins de gros nationaux ! Il connaîtrait les besoins de la consommation terrestre. Acquéreur et distributeur des produits de la planète, il ferait jouer à sa volonté tous les ressorts de la production. Il comblerait les insuffisances ou les excédents de l'année agricole en déterminant pour l'année suivante la nature et la surface des ensemencements ; il affecterait chaque portion du sol au genre de production que l'on peut en attendre, au moindre prix de revient, avec le moindre effort ».

Et voici pour le côté politique :

« Et s'il arrivait par hasard qu'une des portions de l'espèce humaine essayât de se rebeller contre l'ordre universel, de quelles sanctions redoutables ne disposerait pas la direction de cet Office répartiteur du Wholesale planétaire ! En trois coups de T. S. F. il déchaînerait, pour le malheur du pays en révolte, un blocus économique auprès duquel celui que la Société des Nations s'efforce avec tant de peine d'organiser ne serait qu'un jeu d'enfant ».

Il est certain que la sanction du boycottage universel, qui entre les mains de la Société des Nations est bien faible, trouverait ici un instrument formidable, mais il faut ajouter immédiatement que c'est précisément pour ce motif qu'elle n'a pas beaucoup de chances d'être acceptée — pas plus que la force armée que M. Léon Bourgeois aurait voulu mettre au service de la Société des Nations.

§ 4. — Les réformes à apporter à la politique commerciale actuelle.

Mais alors, si nous sommes obligés de renvoyer à une échéance indéfinie cette vision d'une organisation commerciale coopérative embrassant tous les pays, ne pouvons-nous du moins chercher si on ne pourrait s'en rapprocher en orientant, dans un sens solidariste, les égoïstes relations commerciales actuelles ?

Ne pourrait-on, tout au moins, en prenant le régime commercial tel qu'il est, y réaliser certaines améliorations qui nous rapprocheraient plus ou moins de cette organisation idéale que nous attendons et qui donneraient, dans une certaine mesure, satisfaction aux desiderata des consommateurs ? Diverses réformes en ce sens ont été proposées.

1° On peut se demander d'abord si, à défaut d'organisations coopératives suffisamment constituées, ce ne serait pas tout de même un progrès moral que de retirer le commerce international des mains des commerçants privés pour en faire un monopole d'Etat ? On sait que telle est la solution adoptée par la Russie Soviétique. C'est la solution collectiviste.

Quelles en seraient les conséquences ? Il n'est pas sûr

qu'elles fûssent beaucoup plus favorables aux relations de notre idéal, c'est-à-dire que ce monopole eut pour résultat d'éliminer la préoccupation du profit et l'antagonisme des intérêts nationaux. Il n'y a guère de raison pour penser que les échangistes seraient moins exigeants par le fait qu'au lieu d'être des commerçants privés ce seraient des Etats souverains.

Il est à remarquer que le gouvernement soviétique, devenu aujourd'hui commerçant, recherche surtout les bénéfices de l'exportation et se préoccupe de s'ouvrir des marchés — tout comme un simple capitaliste.

Et j'ai signalé déjà comme un grave danger pour la pacification la tendance des Etats à se considérer comme propriétaires des richesses naturelles de leurs territoires. On a proposé en France cette solution en la limitant à l'importation du blé.

2° Une solution toute différente de la précédente ce serait de remettre la direction du commerce extérieur à des organisations capitalistes formées entre les producteurs des pays co-échangistes, solution dont peuvent nous donner un exemple les ententes, non encore réalisées mais toujours à l'ordre du jour, entre les industries métallurgistes françaises et les Compagnies de houille et coke allemandes (1).

Vous me direz : Qu'est-ce que les consommateurs y gagneraient ? Ce serait les livrer à leurs ennemis. Ce n'est pas sûr, car ces ententes pourraient amener tout de même une réforme des droits de douane. En effet, les droits de douane n'ont d'autre but que de protéger les producteurs de chaque pays contre la concurrence des producteurs similaires étrangers. Or, si on suppose des ententes, des associations, entre les industries similaires ou les industries complémentaires des différents pays, par exemple entre les Fédérations agricoles, alors la concurrence se trouvant supprimée par l'entente, les droits protecteurs pourraient devenir inutiles, puisque ce sont les intéressés eux-mêmes qui se débrouilleraient entr'eux.

3° Pour nous rabattre sur des réformes moins ambitieuses, disons que tout au moins il faudrait revenir aux traités de

(1) Au Congrès sur le commerce international tenu à Lyon en Mai 1924, fut déposée cette proposition de M. Fougères, président de l'Association industrielle et commerciale de Lyon :

« Que des liens soient établis entre les Associations de producteurs, rattachés à une même branche de productions, en vue de concilier leurs intérêts réciproques et de développer de concert la richesse de leur sol »

Mais les libre-échangistes votèrent contre, parce qu'ils virent dans ce système la consécration des trusts internationaux.

commerce, non pas cette caricature de traités de commerce que sont les accords commerciaux d'aujourd'hui, simples accords révocables à volonté, qui ne lient aucune des parties, mais les vrais traités de commerce, par lesquels deux pays se lient mutuellement pour une période suffisamment longue — et élargir le système des traités bilatéraux en englobant le plus grand nombre possible de pays, afin de transformer ces tête-à-tête en véritables contrats d'association.

Pour prendre un précédent historique dans la première moitié du siècle dernier, entre tous les Etats allemands qui étaient divisés entre eux et se faisaient la guerre militaire et commerciale, il s'est formé une célèbre entente commerciale, connue sous le nom de Zollverein (association des peuples). C'est cette entente qui a préparé l'unité de l'Empire allemand.

De même, les 48 Etats qui constituent la Fédération américaine, et qui sont en réalité des Etats indépendants, forment aussi au point de vue commercial une Union, un véritable Zollverein, qui leur permet de reculer à la frontière commune de leur immense territoire leur unique ligne douanière. S'ils peuvent se montrer férocement protectionnistes vis-à-vis de l'Europe et de l'Asie sans avoir trop à souffrir c'est parce que, entr'eux, ils pratiquent le libre-échange.

Les Etats d'Europe pourraient donc faire ce qu'ont fait les 48 Etats de la Fédération américaine, c'est-à-dire constituer entre eux une entente commerciale, sauf à reporter aussi leur ligne commune de douanes aux frontières de l'Europe.

Il faudrait pour cela que la Société des Nations, qui a déjà un Bureau International du Travail, ayant pour rôle d'assimiler toutes les législations sur le Travail, créât aussi un Bureau International du Commerce, qui s'appliquerait à établir une organisation douanière d'ensemble dans tous les pays de l'Europe (1).

---

(1) La Fédération Nationale des Coopératives, à l'occasion d'une enquête officielle sur la cherté, vient de remettre au gouvernement (septembre 1924) une note où elle énumère diverses mesures à prendre, parmi lesquelles notamment :

« 7° Création au sein de la Société des Nations d'un véritable organisme international reposant sur un pacte ou contrat commercial général, dans les limites duquel se passeraient les traités de commerce et accords particuliers entre les Nations. »

Dans son Cours d'Economie Politique, M. Truchy rappelle que déjà en 1909, la Chambre des Députés avait voté une motion invitant le gouvernement à provoquer la réunion d'une Conférence Internationale tendant à la réduction simultanée des droits de douane. Mais ce beau mouvement n'eut pas de suite !

4° En attendant ce Bureau International du Commerce, on pourrait commencer par la création d'un Office International du Commerce. Nous ne parlons plus d'un Magasin International de Gros, qui serait trop ambitieux pour le présent mais simplement d'un Office de Statistique international qui aurait pour rôle de faire connaître les ressources et les besoins de chaque nation, ce que chaque pays a en trop et par conséquent de ce dont il peut disposer, ou de ce qui lui manque et qu'il devra se procurer (1).

Il arrive sans cesse que telle ou telle richesse, blé ou viande, se trouve surabondante sur un point du monde, et manquante sur un autre point. Mais actuellement, le public ignore ces renseignements ; il n'y a que les intéressés qui les connaissent et ils en profitent pour faire jouer à leur profit ces inégalités entre l'offre et la demande.

5° Parmi les desiderata des coopérateurs, celui le plus souvent exprimé c'est la réduction des droits de douane, je ne dis pas leur suppression, parce que, dans l'état actuel des finances publiques, les droits de douane sont indispensables au budget de tous les Etats. Ce qu'il faudrait c'est donner à ces droits un caractère autant que possible fiscal et non pas protecteur, c'est-à-dire des droits établis non plus en vue d'exclure ou de rationner tel ou tel produit, mais au contraire en vue d'obtenir le maximum de revenu.

Ce n'est pas là une question de mots : le point de vue change du tout au tout, car lorsque l'Etat se place au point de vue fiscal il apparaît avec évidence qu'il n'a pas intérêt à restreindre mais bien au contraire, à voir augmenter l'importation puisque c'est précisément cette importation qui est la source du revenu.

Mais il ne faut pas se dissimuler que dès que les coopératives indiqueront ce but, elles se heurteront à une résistance insurmontable de tous les producteurs intéressés. Ce sera la lutte du pot de terre et du pot de fer.

6° Les coopérateurs ne doivent-ils pas tout au moins accepter les droits protecteurs pour les industries nouvelles qu'on désire acclimater, durant le laps de temps nécessaire pour leur permettre de s'enraciner ? C'est une question embarrassante. Nous ne contestons pas que tout pays n'ait le droit, même le devoir, de s'efforcer de faire aussi bien que les autres, d'enrichir la gamme de ses industries, et que pour cela une aide de l'Etat puisse être nécessaire. Tout en considérant comme très désirable, au point de vue

(1) La création d'un Office Statistique de renseignements avait été réclamée dès 1910 par une Ligue de Consommateurs fondée par Fénétrier et nous-mêmes, aujourd'hui disparue.

économique qu'une division du travail s'établisse entre nations, nous ne voudrions pas qu'elle devint immuable, stéréotypée, et qu'elle interdise à n'importe quelle nation de tenter des voies nouvelles, car sinon on aboutirait à une sorte de régime des castes entre nations.

C'est dans ce sentiment que dès la première édition de nos *Principes d'Economie Politique*, et aussi dans un article sous ce titre « la protection sans droits protecteurs », nous avions préconisé le système des primes à la production — qui est pratiqué en France pour certaines industries telles que la construction des navires et les filatures de soie.

Il est vrai que le système des primes a l'inconvénient de grossir le budget des dépenses de l'Etat, tandis que le système des droits de douane grossit le budget des recettes — mais d'autre part, les charges qu'infligent à tout consommateur les droits de douane, par l'augmentation du coût de la vie, sont infiniment plus lourdes que les charges imposées au contribuable par les subventions. D'autre part, le fait que cette dernière charge est visible tandis que l'autre ne l'est pas, laisse plus de chances pour qu'elle ne devienne pas éternelle.

Pourtant, comme le régime des subventions a un autre inconvénient grave qui est l'arbitraire et le favoritisme, il nous paraît préférable, au cas où l'Etat croit devoir aider une industrie nouvelle, de recourir au système déjà employé pour les entreprises coopératives de production et de consommation et pour la construction d'habitations à bon marché, celui des avances par l'Etat à long terme. Ce système est très employé dans les pays encore arriérés sur le terrain industriel et auquel les capitaux font défaut.

7° Notons encore combien il serait désirable d'éviter les variations continuelles des droits de douane. Tantôt par le motif que l'autre pays a une monnaie avariée, tantôt par le motif qu'il vend à l'étranger à un prix moindre qu'à ses propres nationaux (c'est ce qu'on appelle le dumping), on multiplie les droits de douane par des coefficients de 3 ou 4 ou 5, en sorte que le commerce ne sait plus sur quoi compter.

Il y aurait un moyen bien simple d'éviter ces variations, ce serait de stipuler que les droits de douane seraient payés en or.

Quand je dis qu'ils seraient payés en or, je ne veux pas dire qu'il faudrait donner des pièces d'or mais qu'il faudrait payer au cours de l'or. De cette façon, il y aurait stabilité complète. Ne serait-il pas naturel, puisqu'il s'agit d'opérations internationales, de prendre pour mesure la monnaie internationale, comme on le fait d'ailleurs pour la taxe des lettres et télégrammes pour l'étranger ?

Prenons garde que les protectionnistes aussi réclament le paiement en or, mais dans l'intention de tripler les droits actuels en exigeant des francs d'or au lieu de francs-papiers ! tandis que nous entendons que les droits soient établis en or au cours du change actuel. En effet ils ont déjà été majorés en raison précisément de la dépréciation du franc. Si donc on supprime la dépréciation on doit évidemment supprimer la majoration.

D'ailleurs, s'il m'est permis d'ouvrir une parenthèse, je dirai que je regrette que même à l'intérieur l'or ne soit pas resté l'étalon sinon légal, du moins facultatif. Il y aurait ainsi deux prix : l'un en francs-billets qui est aujourd'hui le seul légalement reconnu ; l'autre en or, qui serait le prix vrai, car il ne serait autre que l'ancien prix (avec les variations toutefois résultant des variations de l'or lui-même, celui-ci ayant baissé de valeur) et il aurait servi de fil conducteur pour rectifier les dérogations de son frère le franc-papier. On aurait maintenu ainsi un étalon de valeur qui aurait relativement stabilisé les prix. Vous voyez tous les jours dans les journaux des gens qui sont condamnés à des peines correctionnelles simplement pour avoir échangé des billets contre des pièces d'or au cours du change et n'avoir pas ainsi respecté le mensonge légal qui décrète l'égalité du franc-papier et du franc-or.

8° Il conviendrait enfin de renoncer aux prohibitions d'exportation ou même aux droits sur l'exportation. Cela n'existait pas avant la guerre; il n'y avait pas de ces prohibitions ou de ces droits. C'est seulement depuis la guerre que les Etats ont inauguré ces interdictions d'exportation ou ces droits à la sortie, par des motifs divers, soit afin de parer à une pénurie d'un produit, notamment à la suite d'une mauvaise récolte, soit afin de se réserver ce qu'on appelle les richesses ou les ressources nationales, soit par des raisons difficiles à comprendre, par exemple pour empêcher l'exportation des escargots, comme c'est le cas présentement !

On pourrait croire qu'en tant que représentant les intérêts des consommateurs, les coopératives doivent être favorables à de telles mesures, mais il ne faut pas oublier que souvent elles sont ou peuvent être réciproques. Si donc, édictées en France, elles peuvent parfois servir les intérêts des consommateurs nationaux — au détriment des consommateurs étrangers — la situation peut se trouver intervertie si c'est l'étranger qui empêche l'exportation.

D'ailleurs si ce protectionnisme à rebours est inoffensif

quand il s'agit d'escargots, il ne l'est pas quand il s'agit des matières premières. C'est entrer, je l'ai déjà dit, dans une voie dangereuse au point de vue de la paix future lorsqu'un Etat prétend se réserver le monopole de la terre qu'il occupe et des richesses naturelles que celle-ci contient, pour en exclure les autres.

C'est pourquoi quelques coopérateurs, notamment M. Poisson, secrétaire de la Fédération française des Sociétés de Consommation, et M. Albert Thomas, directeur du Bureau International du Travail mais aussi coopérateur militant, ont été jusqu'à demander un contrôle international pour la répartition des matières premières entre les diverses nations (1). Une telle solution serait très acceptable et même se réaliserait spontanément dans l'hypothèse déjà envisagée d'un Magasin de Gros International embrassant tout le mouvement des échanges entre les différentes nations. Mais, à son défaut, il faudrait donc établir une autorité centrale armée du droit formidable de contrôler, c'est-à-dire de réquisitionner, il faudrait aller jusque là — les matières premières dans le monde entier : charbon, pétrole, fer, cuivre, blé, coton, radium — pour les répartir selon les besoins des diverses nations. Or il n'est guère à croire que tant qu'il y aura des nations autonomes elles consentent à livrer ce qu'une autorité étrangère estimera constituer un excédent non inépuisable à leurs besoins.

Il faudrait donc recourir à des mesures coercitives — comme celles prises par le gouvernement bolcheviste contre les paysans russes et qui d'ailleurs ont dû être abandonnées comme impuissantes.

§ 4. — La coopération internationale par la libre circulation des personnes et des capitaux

Montons encore d'un degré. Pour les coopérateurs le programme des relations internationales ne comporte pas seulement la liberté d'échange des marchandises mais aussi le libre échange des capitaux et des personnes.

L'exportation des capitaux est actuellement interdite par

(1) M. Albert Thomas se borne à préconiser « une distribution plus équitable des matières premières et l'institution d'un contrôle rigoureux des monopoles et des trusts ». (Rapport au Congrès de Bâle de 1921). Mais, M. Poisson est plus précis : « L'Office International connaîtrait les ressources du monde, le Comité International les partagerait entre tous les pays suivant leurs besoins ». (Bulletin Coopératif International, mars 1922).

une loi datant de 1916 : on annonce toujours qu'elle va être abrogée et on n'ose pas le faire de crainte de porter préjudice au fisc en facilitant l'évasion des valeurs.

Et voyez pourtant combien cette loi est illogique !

Avant la guerre, on ne cessait de glorifier la France de ce qu'elle était la créancière du monde entier, le banquier de l'Europe ! et on était plutôt porté à féliciter les Français qui en faisant des placements à l'étranger procuraient à la France une clientèle mondiale et lui assuraient ainsi une véritable hégémonie financière et économique.

Or, il est évident qu'un pays ne peut devenir créancier et banquier de l'étranger qu'autant que préalablement il lui aura envoyé de l'argent ! Alors qu'avant la guerre pas une entreprise dans le monde ne se faisait sans l'argent de la France, aujourd'hui au contraire elles se font toutes sans l'argent français, puisqu'il est défendu à cet argent de sortir.

Ce n'est pas seulement au point de vue de l'hégémonie financière, qui se trouve anéantie par cette loi, que cette interdiction est fâcheuse : elle l'est aussi au point de vue de la défense du franc. Vous vous rappelez qu'il a été près de crouler il y a trois mois. On vendait le franc à découvert sur les marchés étrangers, et les Français ne pouvaient pas en acheter puisqu'il aurait fallu pour cela envoyer à Londres ou à Amsterdam les fonds nécessaires pour cet achat, ce qui était interdit.

C'est comme si, dans une place forte assiégée, on défendait aux assiégés de faire des sorties; la situation serait évidemment pour eux tout à fait défavorable.

En outre, c'est cette barrière à la libre circulation des capitaux et par conséquent aux paiements internationaux qui maintient et aggrave les perturbations des changes.

Au reste, ce n'est pas une opinion qui me soit personnelle. Ce qu'il y a de caractéristique dans la situation c'est que tous les économistes — et même les ministres qui se sont succédés au pouvoir, MM. François Marsal et Loucheur notamment — reconnaissent que cette loi est absurde. Aussi n'est-elle prorogée jamais qu'à titre provisoire, pour six mois, mais tous les six mois on renouvelle ainsi de nouvelles excuses.

Alors, pourquoi ? Par peur de l'évasion fiscale ?

Mais il n'y a évasion que là où il y a prison, et en tout cas, bien pire est le préjudice causé à notre situation financière par l'interception des communications normales entre le marché français et le marché étranger.

Libre-échange des capitaux, et aussi libre-échange des personnes.

Il paraît vraiment monstrueux d'être obligés aujourd'hui de réclamer ce droit. Quand on se rappelle avec quelle facilité on pouvait, avant la guerre, circuler d'un pays à l'autre, et qu'on voit à quelles servitudes on est aujourd'hui astreint pour franchir les frontières, quand on voit les pays les plus hospitaliers, comme l'Angleterre qui a mis son orgueil au cours de son histoire à servir de terre d'asile à tous les exilés, aujourd'hui soumettre quiconque débarque sur son territoire au questionnaire le plus humiliant, demander : pour combien de temps venez vous ? Avez-vous un billet d'aller et retour ? Quelles sont vos intentions ? Avez-vous de l'argent ? — On voit que la Société des Nations est encore loin !

Et la Russie !

Quand on entre en pays communiste, on pourrait croire que le territoire dit national est ouvert à tous; or il n'y a pas de propriété privée, pas de chasse gardée, où il soit plus difficile de pénétrer que dans la République des Soviets. Pour obtenir un passe-port, il faut remplir quatre pages d'un questionnaire à quarante compartiments, et encore avoir des protections pour obtenir le visa.

Et la République au drapeau étoilé, c'est bien pis ! Il y a d'abord une grande partie de l'espèce humaine qui est complètement exclue, les jaunes. Pour les autres, on fait des catégories ; selon qu'on appartient à une race ou à une nation plus ou moins indésirable. Le contingent est relativement assez élevé pour les Anglais et les Allemands, mais les Italiens ou les Français, les Slaves, c'est au compte-gouttes qu'on laisse passer ce qui était naguère le flot de l'immigration. Une nation, dit-elle, a le droit de préserver la pureté de sa race. Singulier préjugé aristocratique chez une nation dans laquelle on ne trouverait pas sans doute 5 p. 100 de pur sang américain !

Il en est de même de l'Australie qui, à seule fin de protéger le salaire de quelques ouvriers syndiqués, condamne tout un continent à la solitude. Elle n'en n'a pas le droit. Toute terre fermée sera frappée tôt ou tard de l'expropriation pour cause d'utilité publique et ce sera justice.

Un auteur anglais, qui n'est pas un économiste mais un publiciste génial, Wells, fait observer très justement « qu'il ne saurait y avoir libre échange réel si, les frontières abaissées aux marchandises, il ne s'établit en même temps un libre mouvement de population, permettant d'accéder aux régions où le travail trouve les conditions les plus avantageuses » : le travail, oui mais aussi le capital, faut-il ajouter, tout cela se tient.

Peut-être faudra-t-il réclamer bientôt aussi le libre-échange des idées ! car même là il y a des obstacles, non pas seulement pendant la guerre, alors que les communications intellectuelles étaient devenues impossibles par la censure et l'interdiction des journaux, mais même parfois pendant la paix, puisque nous avons vu les communications interdites pendant des années avec la Russie bolcheviste et celle-ci soumise à un blocus non seulement commercial mais intellectuel, entourée d'un cordon sanitaire pour prévenir toute contamination.

Encore un pas. Pourquoi la coopération entre peuples se bornerait-elle à l'échange ? Le mot même de coopération implique un travail en commun, donc la production plus encore que l'échange. Une vraie politique internationale coopérative cherchera donc les occasions pour les nations de travailler ensemble. M. Poisson le recommande avec raison. Sans doute l'entreprise capitaliste, en recrutant des actionnaires dans tous les pays, revêt déjà un caractère international, comme le canal de Suez, mais cette coopération des capitaux ne se réalise que là où il y a de gros profits à attendre, et nous voudrions mieux. La reconstitution des régions dévastées par la guerre aurait dû être par excellence une œuvre de coopération internationale.

Parmi ces entreprises à internationaliser, nous en indiquerons une, la plus grande de toutes, l'exploitation des Colonies. Elle est déjà amorcée.

On sait que le Traité de Versailles, en dépossédant l'Allemagne de ses colonies au profit des puissances victorieuses, a stipulé que ces puissances n'occuperaient ces colonies que comme mandataires de la Société des Nations et qu'elles auraient à remettre annuellement un compte rendu de leur mandat.

Les coopérateurs applaudissent à l'inauguration de ce droit nouveau, de même qu'aux conditions antérieures qui, comme l'acte de Berlin pour le Congo et l'Afrique Centrale, ont internationalisé des régions entières, de façon à empêcher qu'un des Etats n'y établisse un monopole et n'en ferme l'accès aux autres nations. Ils souhaiteraient que ce régime fut étendu à toutes les colonies, c'est-à-dire à la presque totalité de l'Afrique et à une partie de l'Asie.

Pour conclure, nous serons d'accord avec les coopérateurs anglais pour admettre que le libre-échange doit être la condition préalable d'un échange international véritablement coopératif, mais tel quel il ne nous paraît pas suffisant.

Comme nous l'écrivions il y a trois ans (1), nous voudrions aller au-delà d'un régime qui ne se fie qu'à la libre concurrence pour assurer la justice dans l'échange — donnant donnant et chacun retournant chez soi. Notre but ce n'est pas simplement le contrat synallagmatique de vente et d'achat. Nous ne pouvons nous contenter d'un rapprochement intermittent, de cette simple mise en contact qui est l'échange mais qui, le commutateur tourné, laisse chacun des contractants retourner à ses intérêts individualistes. C'est l'association permanente que nous voulons entre nations comme entre individus, c'est l'organisation. Et non pas cette organisation dite naturelle qui sortirait spontanément, au dire des économistes, du choc des intérêts privés mais une organisation faite pour embrasser et dominer les contrats individuels.

---

(1) *Les relations économiques entre nations*, dans l'Annuaire Coopératif de 1922.

APPENDICE

Voici le texte de la Résolution votée au Congrès de l'Alliance Coopérative de Bâle (1921) où l'on retrouvera le résumé des thèses exposées dans les pages qui précèdent.

« Le Xme Congrès de l'Alliance Coopérative Internationale reconnaît que la politique commerciale a été, jusqu'ici, une politique de guerre ; que cette guerre a pris la forme défensive, lorsque les pays ont admis le système du Protectionnisme, pour se défendre contre ce qu'ils appellent l'invasion ennemie, c'est-à-dire contre les importations, en élevant les barrières douanières ; que le système de Libre-Echange, d'autre part, a amené la guerre offensive lorsque des pays, qui étaient trop forts pour s'inquiéter des importations, ont tenté d'envahir d'autres pays ; que d'autres pays ont poursuivi une hardie et ingénieuse politique d'impérialisme, par un système de dumping et de trusts, par lequel ils essayaient à la fois de fermer leurs propres marchés aux étrangers et de conquérir des marchés étrangers.

« Les Coopérateurs dénoncent la concurrence et la guerre sous toutes leurs formes. Ils reconnaissent que, dans bien des cas, le système du Libre-Echange a servi le consommateur, en réduisant le coût de la vie. Leur propre politique, toutefois, ne peut être ou nationaliste protectionniste, ou de libre concurrence internationale. L'objectif du mouvement coopératif est l'association entre toutes les nations.

« Elle déclare que les traités de commerce devront être multiples. Elle demande, cependant, qu'ils ne soient pas régis plus longtemps par l'esprit mercantile qui a prévalu jusqu'à présent. Elle désire, également, que ces traités soient renouvelés pour une période suffisamment longue, afin d'assurer le développement sain de l'industrie.

« Le Congrès adhère aux propositions qui ont déjà été faites à la Société des Nations concernant l'établissement et la réglementation des conditions d'une équitable répartition de la matière première et des denrées alimentaires, et l'institution d'un contrôle sur les monopoles et trusts internationaux.

« Il exprime l'espoir que le Comité économique et financier de la Société des Nations puisse instituer, le plus tôt possible, un Office International de Statistique, chargé de rassembler et de publier toutes les informations nécessaires au sujet de la production, des approvisionnements et livraisons, et des besoins dans les divers pays.

« Enfin, le Congrès est convaincu que les relations commerciales entre les organisations coopératives des divers pays non seulement servira le bien général en éliminant les profits des intermédiaires, mais établira le fondement solide d'un système économique mondial dans lequel l'esprit de rivalité et de lutte ne trouvera point place. Il recommande, à cette fin, l'établissement de relations directes de pays à pays et, dans chaque pays, entre les consommateurs organisés et les organisations de producteurs agricoles, et il compte sur l'organisation centrale de l'Alliance Coopérative Internationale pour unir toutes les organisations coopératives du monde entier ».

TABLE DES MATIÈRES

19.240 — Amiens. - Imp. Nouvelle (Coop. ouv.).

www.ingramcontent.com/pod-product-compliance
Ingram Content Group UK Ltd.
Pitfield, Milton Keynes, MK11 3LW, UK
UKHW021652260726
13994UKWH00003B/1430

9 782329 086859